イヌなで

aziさんの幸せになる犬マッサージ

プロフェッショナルドッグセラピスト azi 著

『イヌなで』は飼い主さんが愛犬のからだや心の声に耳を傾け、ともに幸せになる方法です。

はじめまして。ａｚｉ（あぢ）と申します。

私は『ドッグセラピスト』として、神奈川県横浜市の『ｍａｋａｎａ』（まかな）というサロンを拠点に、ドッグマッサージのスクール、セミナー、イベントなどを行なっています。ミニチュアダックスフントのティアラ（♀、11才）、ゾーイ（♀、2才＝本書のモデル犬）のママでもあります。

私がこの本で紹介するａｚｉ式マッサージ『イヌなで』は、イヌの家族である飼い主さんが、愛犬のからだや心の声に耳を傾け、愛犬の心身に寄り添って、ともに幸せになるひとつの方法です。必要なものは、ヒトの手だけ。あなたの体温と愛情を感じられる〝手〟は、愛犬を幸せにしてあげる最高のツールです。しかも、『イヌなで』の手法は「なでなで」「くるくる」「ひっぱり」の3つのみ。コツさえ覚えれば、かんたんです。

やさしく、ゆーっくり、愛犬の全身をなでてあげましょう。そのうちワンちゃんの顔が、どんどんユルんでいくのがわかります。『イヌなで』でからだをほぐしてあげると、ワンちゃんの心もだんだんほぐれていくのです。はじめはうまくいかないかもしれません。でも飼い主さんが『イヌなで』してあげるのが、ワンちゃんにとっては一番リラックスできることなんですよ。私たちヒトがマッサージを受けてリラックスする――または、好きな人にふれられているだけで安心感を得られるのと同じです。

言葉を話せない愛犬たちの行動は、彼らがからだ丸ごと使って私たちに発しているメッセージ。その問題とされる行動の中には、彼らが密かに抱えるストレスを訴えていることが多くあります。『イヌなで』で、そんな愛犬たちのメッセージに応えてあげましょう。

『イヌなで』をしてあげたら、からだにさわられることが大の苦手だったコが平気になっ

で』で感じてください。

た、落ち着きのなかったコが落ち着いた、怖がりのコが動じなくなった、ヨレヨレ歩きのコが走った……。愛犬たちも、そんなふうに飼い主さんの『イヌなで』に応えてくれますよ。『イヌなで』されたワンちゃんの表情には、私たち自身もいやされます。しかも「あ、このコ、こんな表情をするんだ」「ここをさわられるのが好きだったんだ」……愛犬の新たな一面を発見できること、間違いナシ！『イヌなで』には必ず「ああ、○○ちゃんってこうだったんだ」という〝気づき〟があります。言葉が話せなくてもわかってあげられた、愛犬ともっと強くつながった感覚になれる喜びを、みなさんにも『イヌなで』で、感じてほしいのです。

残念ながら、イヌの寿命はヒトより短い。私たちの1日は、愛犬にとっての4日といわれています。だからこそ、大切なこの時間をもっともっと、少しでも長く、飼い主といっしょに過ごしてほしい。愛犬だってきっと、かけがえのないこの時間を、飼い主と幸せに過ごしたいと思っているはずです。

忙しい毎日を過ごしている私たちは、常に時間に追われています。そんな中、1日10分でいい――10分取れなければ3分でも5分でも構いません。愛犬だけのために、あなたの時間を使ってあげてください。『イヌなで』で、愛犬からのメッセージに愛情をもって応えてあげてください。

私には、夢があります。イヌと暮らすすべてのヒトが、イヌたちと向き合い、彼らを心から大切に想い、イヌの一生、ヒトの一生をともに幸せに暮らす。そういうヒトが今よりひとりでも増え、この社会も世界も、もっと平和になってくれればいいな、と。そのひとりが、この本を読んでくださったあなたでありますように。**そして、あなたと愛犬を含めた家族がみなさん、ずっとずっと、幸せでありますように。**

愛犬とさらに強くつながる喜びを、『イヌな

azi式『イヌなで』の手法はたった3つ!

なでなで

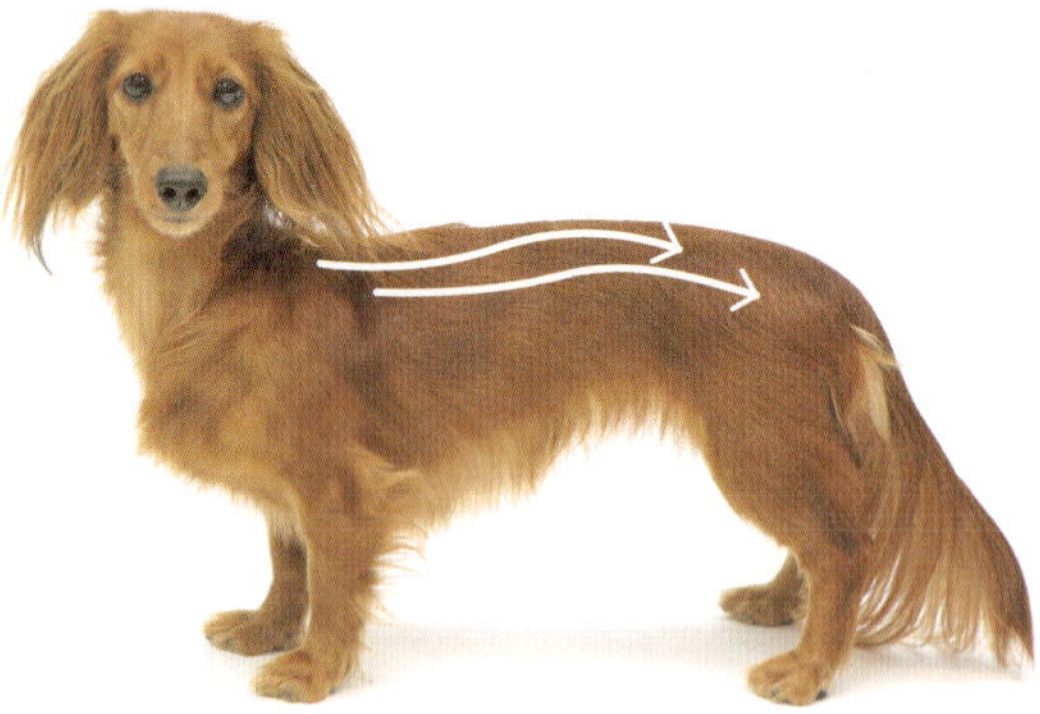

くるくる

ひっぱり

そして手順は3ステップです!

❶『なでなで』で、からだ全体をくまなくなでる。

❷『くるくる』『ひっぱり』で、「首→肩→前足→後ろ足→背中→頭→耳→目→鼻→ほっぺ→おなか」をていねいにほぐしていく。

❸最後に仕上げで、からだ全体を『なでなで』。

contents

part 4

さあ始めましょう！ azi式1日10分幸せマッサージ

準備運動は、全身なでなで。ワンちゃんの心が落ち着きます。

part 5

ここまででかなりユルんできたよ～ ワンちゃんをさらにほぐしてあげましょう

part 6

ワンちゃんのためのフラワーレメディ

わが家の**イヌなで** Happy Story
10人の飼い主さんが語る「**イヌなで効果**」

Special Thanks **142なで！**

わが家の イヌなで Happy Story 1

10人の飼い主さんが語る
「イヌなで効果」

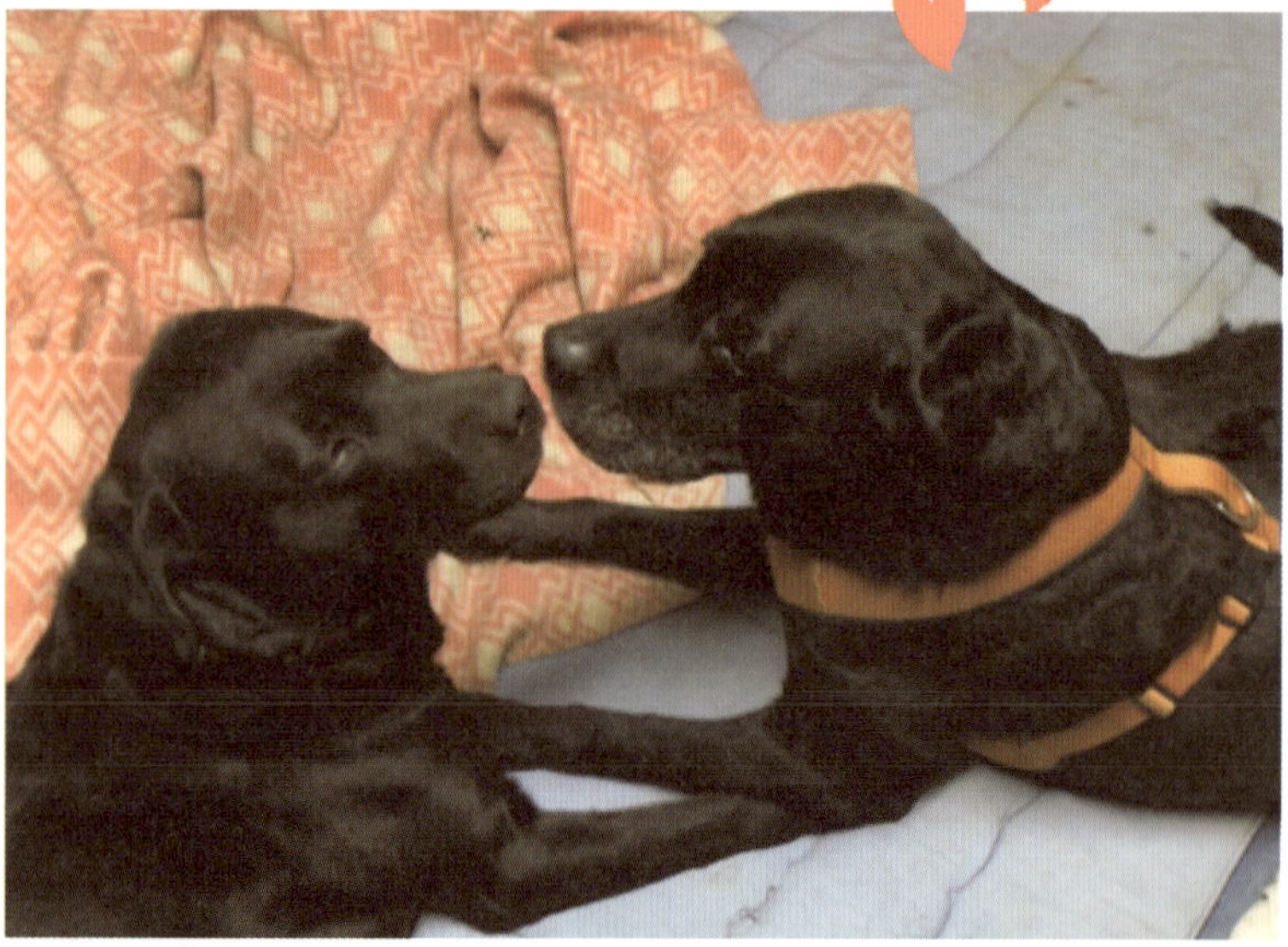

サスケくん（右）、半蔵くん親子。

ママ 刈田悦子さん　愛犬 サスケくん、愛犬 半蔵くん

私が『イヌなで』と出合ったのは、サスケが12才のとき。シニア犬になって下半身が弱り始めたのが、目に見えてわかったころでした。介護が必要になる前に何かケアを始めようと思い、たどり着きました。

しかしセミナーを受け、「私の腕ではサスケを気持ちよくはさせられないな」と思いました。ただサスケの息子・半蔵もいましたし、「知識としてもっていれば、いつか使う日が来るかもしれない」と、そのときは『イヌなで』をいったん自分の〝引き出し〟にしまうことにしました。

やがて、サスケは完全に後ろ足がふらつくようになりました。からだが弱り、横になっている時間が増えるにつけ、私が彼と向き合う時間も必要になってきました。そんなときazi先生の言葉と『イヌなで』が舞い降りてきたのです。「ああ、今こそお互い、こういう時間を必要としているんだな」と思いました。

『イヌなで』をしてイヌが気持ちいいのか、イヤなのか。本当のところはイヌにしかわかりません。だけど、「要はイヌの幸せって、ヒトが幸せであれば、それでいいのかな」と思うんです。

というのも、『イヌなで』をしていくうち、これを愛犬とのコミュニケーションの1ツールとして生かすには、自分自身の心の落ち着きと、イヌと向き合う時間が必要なんだ、と痛感したから。『イヌなで』に出合わなかったら、私はイヌと過ごす時間よりも仕事や家事や自分のことにばかり、いつまでも慌ただしく時間を使っていたでしょう。

そのころ、私は仕事を辞めました。辞めて、時間をつくろうと心に決め

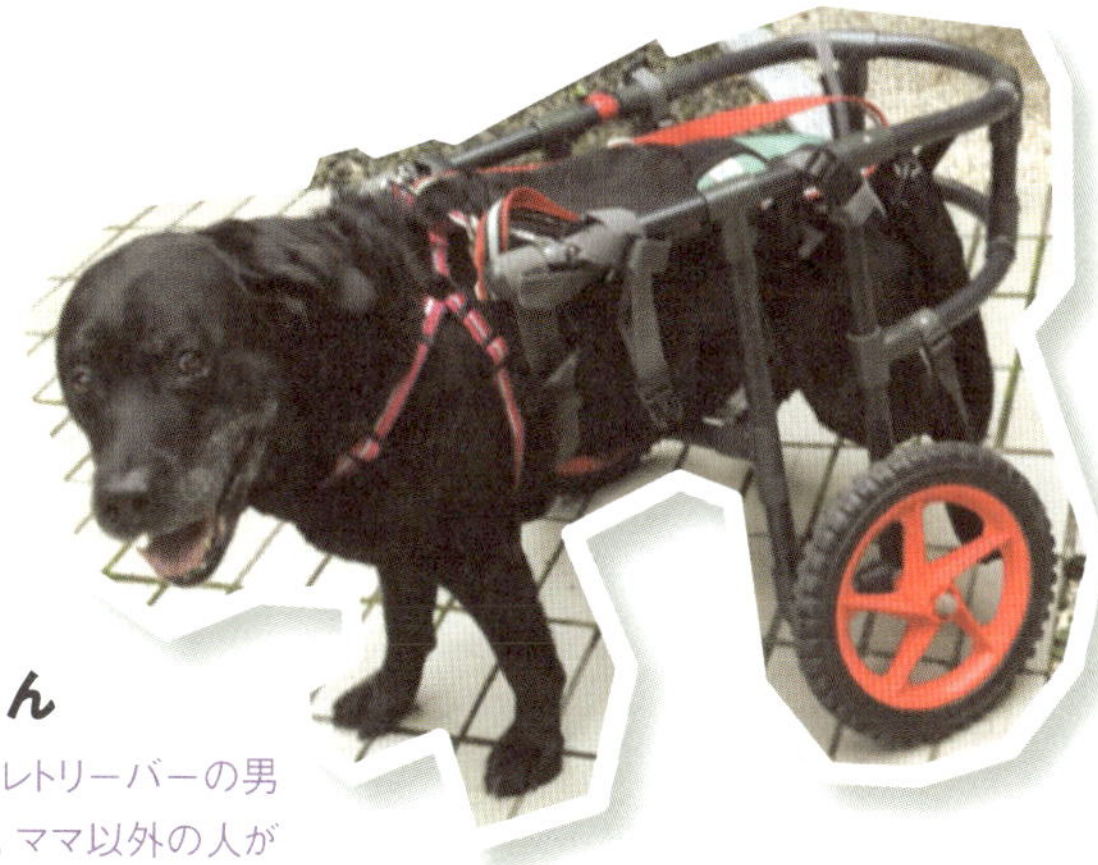

サスケくん

ラブラドールレトリーバーの男のコ、14才。ママ以外の人がリードを持つと歩かなくなるほどの、ママ大好きっコ。

半蔵くん

ラブラドールレトリーバーの男のコ、5才。サスケくんの息子。『イヌなで』で気持ちよくなると、バンザイしてしまうクセあり。

シニア犬だからこそ実感。『イヌなで』が私に与えてくれた気づきと幸せ。

ました。サスケには、老犬相手のやさしい〝なでなで〟、半蔵には、疲労やこりを解消してあげる〝ぐるぐる〟。目的は違えど、イヌたちが私の『イヌなで』になじんできたのは、そのころです。やはり、何か彼らの心に伝わるものもあったのでしょうね。私自身、『イヌなで』の時間に、ゆっくりイヌたちを見ながら多くを考え、最終的には自分の生き方まで教えてもらうことができました。『イヌなで』をしたことによって、イヌたちに何か与えてあげるより先に、自分自身が心の軸をしっかりもつこと、自分の時間をもつ大切さを学びました。結局、『イヌなで』で一番心いやされたのは私で、それがサスケと半蔵への気持ちのこもった『イヌなで』になり、彼らがゆっくり落ち着いた時間を過ごせている、ということなんだと思います。

　やがてサスケも半蔵も、朝ごはんが終わると『イヌなで』してもらいたくて、ゴロンと寝転がって待つようになりました。そこから私とイヌたちの、リラックスタイム。そういう時間をもてることがとてもありがたく、幸せでした。ずっとこんな時間をもっていられたらいいなと思いました。どんなにおいしいごはんをあげても、どんなにいっぱいお散歩をしてあげても、気持ちが近くにないと、イヌたちも喜んではくれないんですね。

　今はもう、サスケはゴロンゴロンもできなくなって、寝たきりです。極力サスケとの時間をつくり、そばにいて、彼が「『イヌなで』してほしい」「今なら大丈夫」というサインを出している時を見分けてあげたい。ふんわり、ふんわりですが、そこでさわってあげると、気持ちよさそうに寝てくれるんですよ。

ママとふたりでいる時間が増えました。

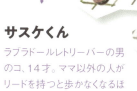

イヌなで

わが家のHappy Story 2

10人の飼い主さんが語る「イヌなで効果」

寂しがり屋の女のコ。

ママ アンママさん 愛犬 アンちゃん

幼いころから「イヌを飼いたい」と言い続けてきた娘が小学5年生になったとき、アンをわが家に迎えました。

ペットショップでは、「最初の2日間、イヌをケージの中に入れて、目を合わせないでください」と教わりました。ごはんとトイレシーツを換えるとき以外、ドアも開けない。でも子どもたち（上のお兄ちゃんと娘）はつい気になって、ちらちらアンを見てしまいます。一方アンは、ケージの中でワチャワチャ動けば見てくれると思ったよう。家族が仕事や学校から帰ってくると、ウンチをしたあとのトイレシーツの上でも構わず走り回り、自分のからだから何から、そこらじゅう汚すのです。

毎日のように娘がそれをそうじするのに苦労している様子を見て、さすがにかわいそうになりました。なんとか解決策をと本やネットで探しましたが、見つからず。トレーナーさんにお願いして、トレーニングとアドバイスをしていただきました。ケージを広くし、成長に伴ってウンチの回数が減ったことで、若干被害は軽減されましたが、まだ完全には解決に至りません。

そのころ旧知のaziさんに、たまたま『イヌなで』を教わる機会がありました。さっそく見よう見まねでやってあげると、眠かったのか気持ちがよかったのか、なでている途中でアンはすやすや眠り始めました。ただ、そのときは私も「イヌとのスキンシップを高めるのに、いいのかな」くらい

お姉ちゃんが飼い主さんです。

アンちゃん

ミニチュアダックスフントの女のコ。2才の甘えん坊さん。『イヌなで』のなかでは肩“くるくる”が一番のお気に入り。

愛犬に問題行動が次々発生！
aziさんに「今こそ『イヌなで』だよ！」と言われ、
やってみたら、ピタリと止まった。

のイメージ。子どもたちもマネしてやっていましたが、みんな「時間があればやってあげる」程度だったんです。

しかし、また困った事態が発生しました。トレーニングを続けているにもかかわらず、今度はアンがあちこちでオシッコするようになってしまったのです。「散歩が足りないのかな」と思い、1日3、4回に増やしてみたり、トレーニングの量を増やしてみたりしましたが、一向に粗相は収まりません。そこでaziさんに「あれもこれもやったのに、なんで変わらないんだろう」と話したら、「今こそ『イヌなで』だよ。真剣にやってごらん」。

それから言われた通り、真剣に『イヌなで』をしました。するとアンの粗相がピタッと止まったのです。後日aziさんに、「『イヌなで』はただいっしょにいるだけ、遊ぶだけ、じゃなくて飼い主の手からイヌに愛情が伝わりやすいんだよ」「ゆっくり『イヌなで』してあげると、イヌの気持ちがすごく落ち着くんだよ」と改めて教わりました。

以来（aziさんには怒られてしまうかもしれませんが^^;）、私の中では「困ったときの『イヌなで』」。

夜ごはんを食べてから寝るまでの間、アンはずっとまったりしているので、そこがわが家の『イヌなで』タイム。私も娘もそれほど上手にはできませんが、肩や足のつけ根を〝くるくる〟されるのが、アンは一番好きみたいですね。

今はまだまだ、〝問題解決〟のほうに目が向いてしまって、娘も私も『イヌなで』のもつ本当の力を、実感するには至っていないと思います。ただ娘も中学生になって家にいる時間、アンと接する時間が短くなってきました。そうした環境の変化に伴ってアンの負担は増えているでしょうから、そこをいたわってあげるのは、やはり『イヌなで』かなとは思っています。

イヌなで

わが家の

Happy Story 3

10人の飼い主さんが語る

「イヌなで効果」

血縁関係の女のコ3匹です。

ママ 小野弘恵さん 愛犬 ソルトちゃん、愛犬 バジルちゃん、愛犬 リコッタちゃん

わが家は共働きで、平日はイヌたちのお留守番の時間が、どうしても長くなってしまいます。いくら休日、長い時間いっしょにいても、やはりふだんはストレスがかかっているのかな、それならもっとリラックスしてもらいたいな、と思ったのが、azi先生のセミナーを受けたきっかけでした。

セミナー当日。「もっとイヤがるかな？」と思っていたソルトが後半、私にからだを預け、だら～んと力の抜けた状態になってきたので、「ああ、気持ちいいんだな」とうれしくなりました。先生に「飼い主さんがさわってあげるだけでも、イヌは安心できるんですよ」とお聞きし、納得。

ヒトと違って、イヌは「ここ、気持ちいい？」と聞いても、何も答えてくれない（笑）。「ホントに気持ちいいのかな？」と初めは手探りでした。一番難しかったのは、力加減かな。

そうやって慣れてくると、イヌたちをなでながら自分自身もリラックスできるようになりました。毎晩、ソファに乗せてしつこいくらいにやりましたよ（笑）。夜、私たちのごはんが終わると「今日もやるよ～！」。1週間もしないうちに、あのコたちも習慣になっていったと思います。そのうち、「今日もやるよね？」という感じで、イヌたちのほうからソファに乗ってくるようになりました。

ソルトはさわられるのがキライなほうではありませんでしたが、どちら

バジルちゃん

トイプードルの女のコ、10才。いかにも“2番目のコ”という感じの性格で、「さわって、さわって♡」と積極的。

リコッタちゃん

トイプードルの女のコ、5才。小野家の3匹の中では唯一、生まれたときから『イヌなで』を受けているベテランさん。

ソルトちゃん

トイプードルの女のコ、11才。バジルちゃん、リコッタちゃんのお母さん。小野さんがプードルにハマるきっかけをつくったコ。

日課の“なでなで”で、小さなふくらみ発見！病院に駆け込み、しこりと診断。「よく気がついたね」と先生にほめられました。

かといえばひとりでゆっくり過ごすのが好きで、クールなコ。そのソルトが「やるなら、やって」という感じで意思表示をしてくるようになったのですから、イヌたち――特にソルトとの距離は、確実に縮まったと思います。ソファでイヌをヒザの上に乗せ、『イヌなで』しながらいっしょにうたた寝することもしばしば。イヌの温かさがからだじゅうに感じられ、こちらも大いにリラックスできました。

ある日、ソルトの全身をなでなでしながら、おなかに手を当てたときです。「あれ？ なんだか乳首が多くない？」……見ると、乳首ではないところが小さく膨れ、コリコリしています。何度さわっても、コリコリ。翌日すぐ、病院に駆け込みました。

まだ小さかったけど、〝しこり〟でした。良性か悪性かは、取ってみないとわからない、との診断。先生には「よく気がつきましたね」と言っていただきました。数日後（手術の2日前）、しこりを見ると、なぜか小さくなっています。そして手術の日には、消えてしまいました。先生いわく、ソルトは避妊手術をしていなかったため、乳腺の張りがしこりのようになったのではないか、とのこと。その後も『イヌなで』でからだの変化にいち早く気づくことができ、愛犬が年を重ねていくにつけ「やっていてよかったな」とつくづく感じましたね。

その後、わが家の一員になったリコッタは、子イヌのころから『イヌなで』でいろいろなところをさわられ慣れていて、誰にどこをさわられてもイヤがらないコになりました。『イヌなで』を通してそんな習慣ができたのは、このコにとっても本当に幸せなことだと思っています。

競技会にも出ているリコッタちゃん。

コラム：aziさんの味のある話 1

愛犬の歯みがき問題、どうしてる？

歯みがきの苦手なワンちゃん、多いのではないでしょうか。最近は、いろいろなオーラルグッズがありますね。でも私は、歯ブラシできちんとみがいてあげてほしいなと思います。ブラシ以外では、どうしてもみがき残しが出てしまうので。

私のおススメは、ヒト用の『電動歯ブラシ』です。歯ブラシを軽くワンちゃんの歯に当てるだけで、力を入れずに済むから、ラクなんですよ。わが家では歯みがき粉（ペースト）は使わず、電動歯ブラシに水をつけてみがくだけ。それでもけっこう、歯垢《しこう》がキレイに落ちてくれます。初めて電動歯ブラシを使うときは、まずふつうの歯ブラシを歯に当てる練習からしていくといいですよ。

歯ブラシを見ただけで逃げてしまうコには、『おやつ作戦』が有効です。「歯ブラシを見せて、おやつをあげる」をくり返し、歯ブラシを見せるとワンちゃんが近寄ってくるようになったら、第一段階終了。次に「歯ブラシを歯に当てる→おやつ」「歯ブラシを少し動かす→おやつ」と、歯ブラシを当ててみがける本数を少しずつ増やしていきましょう。それでも口を全くさわらせてくれないコには、ヒトの指を口の中に入れ、歯にさわる→指を動かす、という練習から始めてみてください。

ゴールはおやつなしで、歯みがきができること。ムリやりやると歯みがきがキライになってしまいますから、ママさんパパさんのほうが根気よく。

ちなみにわが家のムスメたちも、電動歯ブラシは練習中。まだ外側しかみがけないので、いつか内側もちゃんとみがけるようになりたいです！

ゾーイご自慢の白い歯です！
（写真提供／aziさん）

part 1

なぜ『イヌなで』が犬もヒトも幸せにするの？

毎日、適量のごはんをあげて、
お散歩させていればよかったのは昔のおはなし。
今の愛犬はヒトと同じようにストレスを抱えているのです。
その理由と、『イヌなで』が与えてくれる
「やってヨカッタ！」な6つの理由は？

イヌのからだの3つのこと。

どうして私がワンちゃんたちに『イヌなで』をススメるのか。

実は私たちヒトと同じように、肩こりや首の疲れを感じているワンちゃんが、意外と多いんです。その原因は大きく3つ、ワンちゃんたちのからだのつくりにあります。

●飼い主を見上げている

ワンちゃんたちは人間に比べて目線が低いため、常に飼い主さんを見上げる姿勢になっています。この姿勢が、肩や首のこりを引き起こします。

●鎖骨がない

ヒトは『鎖骨』が肩甲骨を介して、胴体と前足をつなぐ役目を果たしています。しかし鎖骨のないワンちゃんたちは、胴体と前足が直接筋肉でつながっていて、筋肉だけでからだを支えているため、肩周辺の筋肉がこりやすいのです。

●前足に体重の約6割

ワンちゃんたちは前足に体重の約6割がかかっているといわれています。これも、ワンちゃんの肩がこる一因です。

イヌはつま先立ちで歩きます。
そのため、前足に
体重の約6割がかかっています。
ここがイヌの
かかとです。
かたい床も疲れる原因！

まずは知っておきたい

いつも
飼い主を
見上げています。

鎖骨がないため、
筋肉だけで前足と
胴体を支えています。

加えて、ワンちゃんたちの生活環境にも肩こりの原因は見られます。たとえば、かたいアスファルトやフローリングの床を毎日歩いていること。そして、日々のストレスや肥満などの生活習慣病……。『イヌなで』は首、肩、足、背中をやさしくマッサージすることで、こうしたワンちゃんたちの全身の筋肉をほぐしていきます。ワンちゃんのからだも心も、あなたの手でトローンとやわらかくしてあげましょう。

だから“**肩こり**”のワンちゃんが多いんです。

1

愛犬の「あれ？ おかしいな」に早く気づけます。

みなさんはふだんから、愛犬のからだにふれていますか？

「ふれる」という行為は、毎日しているようで、意外としていないもの。『イヌなで』は、ワンちゃんのからだにやさしく、まんべんなくふれていきます。

『イヌなで』をくり返していくと、みなさんの手の感覚はだんだん鋭くなってきます。するとワンちゃんを『イヌなで』しながら、ヒフが「かたい」肌が「熱い」など、ふだんとの違いに気づくはず。たとえば耳を『イヌなで』するついでに、耳のにおいをチェックしてあげるのもいいですね。耳からイヤなにおいがするときは、外耳炎などの病気にかかっている可能性もあります。

ワンちゃんのからだに異常を感じたら、すぐ病院へ行きましょう。くれぐれも自己診断はせず、「大げさかな」と思っても病院へ。なんでもないに越したことはありません。実際、『イヌなで』が、病気の早期発見につながった飼い主さんもいらっしゃいます。ある飼い主さんはワンちゃんを『イヌなで』しているとき、小さなしこりを見つけました。そうして駆け込んだ病院で、先生に「よく見つけましたね」とほめられたそうです。

また、日々ワンちゃんのからだにふれていれば、「やせてきたな」「太ってきたな」と体形の変化もすぐわかります。そういった変化にいち早く気づいてあげることが、病気の予防につながります。

口まわりの『イヌなで』は、唾液の分泌を促します。唾液が出ると、歯周病予防にもなりますので、ていねいに『イヌなで』してあげてくださいね。

イヌなでをすると6つの“ヨイこと”があります。

2

愛犬の病気の予防を促します。

シニア犬になると足の筋力が衰えるなどして、歩きにくくなるコが増えてきます。中には「面倒くさいから、動かない」というコも。ムリやりお散歩に連れて行って歩かせるのではなく、そんなときこそ、まずは『イヌなで』！

からだが温まって血流がよくなると、足の筋肉がやわらかくなってきます。すると足の可動域が増え、歩くのがラクになります。「面倒くさいから歩かない」タイプのコが、『イヌなで』でケアしてあげて歩くようになったケースもよくあるんですよ！

3

愛犬の健康に敏感になります。

『イヌなで』は、愛犬の毎日のボディーチェックの手段としてもおススメです。「やせてきた？」「太ってきた？」というとき、ごはんの量を変えたり、お散歩の量や行く場所を変えたりすることができます。

初めてワンちゃんをおうちに迎える飼い主さんの中には、「若いイヌも病気をする」ということを想像もしていない方がいらっしゃいます。『イヌなで』で全身をさわって、愛犬の健康維持を心がけてください。そして、定期的に健康診断に連れて行ってあげてくださいね。

毎日さわっている場所なのに、ある日突然ワンちゃんがさわられるのをイヤがったら、それは何か不調のサインかも。すぐ病院の先生に相談しましょう。

4 愛犬とのきずなを強くします。

飼い主さんにとって十分ワンちゃんに接しているつもりでも、そのコにとっては足りないこともあります。ヒトと同じで、ワンちゃんにもたくさんさわってほしいコと、そうでないコがいます。

あるワンちゃんの飼い主さんは、粗相の多いのが悩みのタネでした。「なでなでの時間をつくってあげてください」とお願いして、毎日『イヌなで』を続けていたら、ピタッと粗相が止まったそうです。「もっともっと構ってほしい！」、いわゆる〝スネション〟だったんですね。

5 さわられても平気なコにします。

『イヌなで』では、耳から口、手の先に至るまで、ワンちゃんのからだのあちこちにふれていきます。特に子イヌのころから、ヒトにからだの隅々までさわられることに慣れておくと、歯みがき、耳のそうじ、爪切りといったお手入れがラクになります。

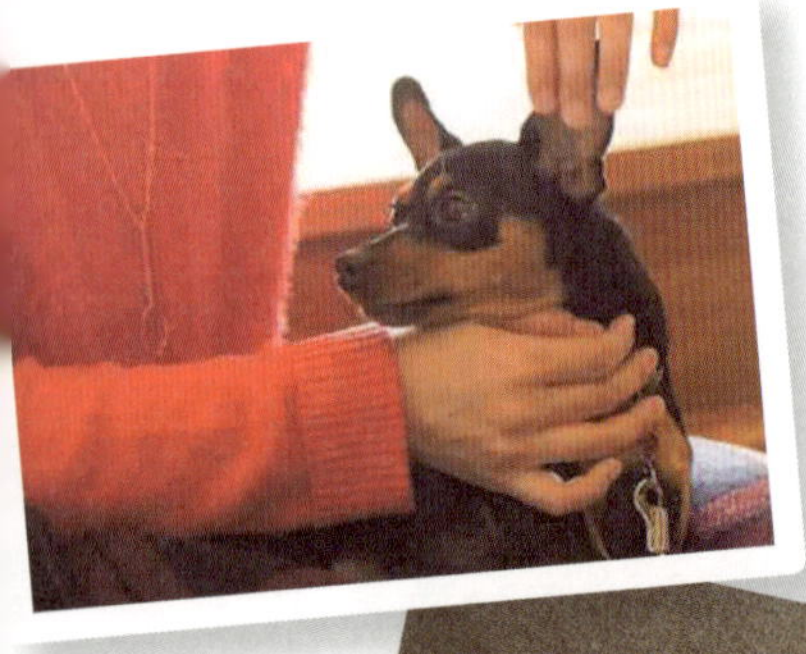

6

愛犬のストレスを解消します。

私のセミナーに参加してくださったある飼い主さんはワンちゃんとふたり暮らしで、ご自身は日中フルタイムのお仕事。夜、ヘロヘロになって家に帰っても、「長いお留守番のあとのいやしになれば……」と必ず『イヌなで』を実行してくださいました。やがて、飼い主さんが家に帰ると、ワンちゃんのほうから「なでなでして」とお願いしてくるようになったといいます。ワンちゃんが自分の気持ちを表現してくれることで、お互いの関係性がよりよくなり、ワンちゃん、飼い主さんの両方がストレスのない生活になりました。

雨の日やお散歩に行けないとき、運動不足によるストレスの解消にもなりますよ。

最後にもうひとつ、私は『イヌなで』をワンちゃんとのお別れが近づいてきたときの、ターミナルケアの一環としても使っていただきたいと思っています。お医者さんにもう手の施しようがないと言われても、飼い主さんとしては何か愛犬にしてあげたい。そんなとき飼い主さんの手で、少しでも愛犬の痛みを和らげてあげられれば。「ママやパパがいっしょだよ」と愛犬に寄り添って、その想いを伝えてあげられれば。ワンちゃんたちを穏やかな表情のなか見送ってあげられればいいな、と願っています。

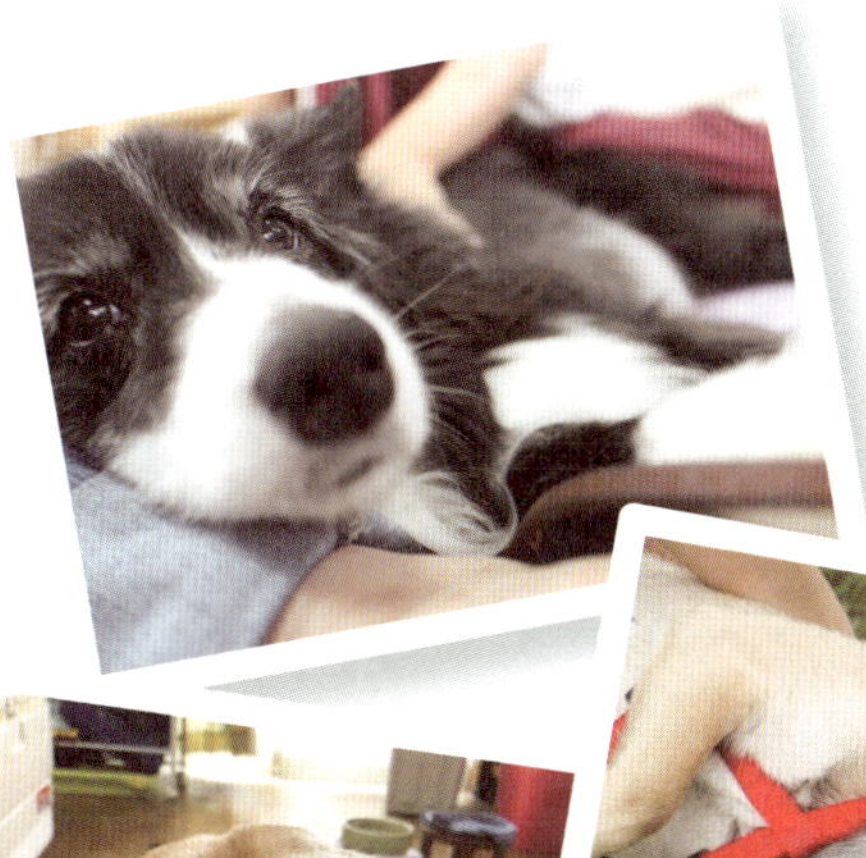

この本をお読みになって『イヌなで』をされる方へ

●この本では小型犬、中型犬を対象とした『イヌなで』を基本に説明しています。大型犬でも『イヌなで』のやり方は同じですが、かかる時間などが変わってきます。

●『イヌなで』は医療行為ではありません。ワンちゃんの具合が悪いときは、必ず病院に行って、獣医師の診察を受けましょう。また通院中のワンちゃんは、まずお医者さんの指示を仰いでから、『イヌなで』をしてください。

part 2

まずは『イヌなで』の準備をしましょう

ワンちゃんにも飼い主さんにも
『イヌなで』を通して、健康になってほしいから。
『イヌなで』を始める前に、
かんたんな準備をしておきましょう。
いつでもどこでもできる、本当にかんたんなことだけです。

どこで
やるの？

ヒトもイヌも リラックスできる場所で。

テレビの音は消し、静かな空間をつくる

『イヌなで』は、静かな場所でやりましょう。ヒトの多い場所、ガチャガチャした場所は避けてください。ほかの人がいるなかでも、ワンちゃんと「1対1の時間を取ってあげる」ことを一番に考えて。小さなお子さんのいらっしゃるご家庭では、お子さんが走り回っているとワンちゃんも落ち着かないので、気を配ってあげてください。

多頭飼いの場合も、なるべく1匹ずつの時間をつくってあげることが大切です。1匹を『イヌなで』している間、もう1匹が騒いだら、いっしょにいても構いません。ただし、基本的には1対1で『イヌなで』してあげてくださいね。

テレビの音や、カチャカチャした音楽は消しましょう。音楽をかけるなら、ヒーリング系などゆったりしたものを。ワチャワチャと早くなりがちな『イヌなで』のペースがゆっくりになるので、スローな曲はおススメです。

私のお客様の多くは、リビングでやっています。決め手は、ヒトもイヌもリラックスできる空間であることです。

環境”をつくりましょう。

お気に入りのマットなどを〝定位置〟に

『イヌなで』専用のマットかベッドをつくってあげると、ワンちゃんたちは安心します。そのマットを敷いたとき、「あそこで気持ちいいことをしてくれるんだ」と思って、そこに来てくれるようになったらベストです。

私は自然素材（綿１００パーセント）のバスタオルやカフェマットを、『イヌなで』用のマットにしています。使い古しのバスタオルで十分ですよ。ただし、アクリル素材のものは静電気が起こるので、あまりおススメしません。（ちなみに上の写真で使っているのは、夏仕様の冷感タオルケット。これだけは自然素材派のわが家でも例外です！）

ベッドの場合はやわらかめの丸いイヌ用ベッドを選ぶと、ヒトがどんな体勢でも取れるので便利です。

先日、私のセミナーに参加してくださった35キロのワンちゃんには、大きめのバスタオルを使っていただきました。体勢を変えるとき動くので、どうしてもバスタオルから体がはみ出てしまいますが、それでも大丈夫。気持ちよさそうに寝ていましたよ。

“イヌなで

いつ
やるの？

10分間、イヌとだけ向き合えるとき。

ゆったりした気分になれる時間をつくる

みなさん、誰もが忙しい毎日を過ごしています。信号が青になったらサッサと渡る。メッセージには即レスが当たり前。そんな中、「ゆっくり『イヌなで』を」と言われても、なかなかできないと思います。

でも、どうか愛犬のために、あえて時間をつくってあげてください。それは現代社会に生きるみなさんにとっても、ゆっくりいやされる貴重な時間です。

飼い主さんが落ち着いて、ゆったりした気分で『イヌなで』できる時間は、人それぞれ。ライフスタイルによって朝、昼、夜と変わってきます。私は比較的、夜にやることが多いですが、朝のんびりできるときは、朝やることもあります。

たとえば朝、家族が職場や学校に出かけてから、ワンちゃんのお散歩、ブラッシングをしたあとに。あるいは夜、歯みがきの前に、などなどケースバイケースで。ワンちゃんの食前食後すぐ、そしてイライラしてるときと興奮してるときさえ避ければ、必ずしも決まった時間でなくても構いません。

「こうしなきゃいけない」というルールに縛られ、それが飼い主さんの負担になって『イヌなで』ができなくなる、あるいは愛犬と飼い主さん双方のストレスになるのなら、私はむしろやらないほうがいいと思うのです。

愛犬とだけの濃密な時間を

『イヌなで』はできれば毎日してほしいけれど、飼い主さんが忙しければ2日に1回でも、1週間に1回でもいいのです。とにかく飼い主さんのライフスタイルに合わせ、定期的に〝愛犬とだけ〟の時間をつくってください。

イヌの一生は、短いものです。お散歩も愛犬と飼い主さんだけの時間ですが、それ以外に愛犬とだけの時間はなかなか取れません。『イヌなで』は愛犬と飼い主さんだけの、濃密な時間。お互いのいやしの時間です。私は『イヌなで』は、愛犬たちといいエネルギーを交換できる時間だと思っています。

わが家では、私しか『イヌなで』をしません。だからできる限り、私が落ち着く時間、場所を確保するようにしています。私のお客様の中には、ママとお子さんで代わりばんこにやっている方もいらっしゃいます。ワンちゃんさえイヤがらなければ、『イヌなで』を担当する人が変わっても大丈夫。そのご家庭ではけっこう、奪い合いになるそうですよ（笑）。

どんな状態でやるの？

『イヌなで』これやっちゃダメリスト

飼い主さん自身の状態も整っていないと、『イヌなで』はうまくできません。始める前に、チェックして！

□ ストレスがたまっている、イライラしている

飼い主さん自身にストレスがたまっている、イライラしているときは、ちょっと待って。まず、飼い主さんがリラックスした状態でやりましょう。もしストレスがあったとしても、意識して笑顔をつくると、人間の脳は反応して〝幸せ脳〟になり、自分の状態をリセットできるそうです。

「私、今日会社でこんなイヤなことがあった」と愛犬にグチりながら『イヌなで』するのもNGです。逆にワンちゃんがストレスを感じ、表情も厳しく、からだがパツンパツンに張ってしまうので、気をつけてあげてくださいね。

□ 爪が伸びている、時計や指輪をつけている

爪が伸びたまま『イヌなで』をしないこと。手のひら側から見て、指から爪がはみ出ていない程度に切りそろえてから、始めましょう。また時計や指輪などの金属も、必ず外してください。ワンちゃんの目や、ヒフを傷つける恐れがあります。ワンちゃんの

洋服も、できれば脱がせてあげてください。

□「うまくやらなきゃ」「気持ちよくさせなきゃ」と考える

飼い主さんの邪念（？）はワンちゃんに、ダイレクトに伝わるもの。ワンちゃんも落ち着かず、うまく『イヌなで』が進みません。そう、『無心』になってほしいのです。呼吸を意識しながら『イヌなで』しましょう。飼い主さんの自立神経も整い、あなたもワンちゃんもいっしょに健康になれますよ。お互いにとって、いい時間にしましょう。

□愛犬に『イヌなで』をムリじいする

おなかが空いているとき、散歩したいとき、遊びたいときは、ワンちゃん自身が落ち着いていないので、『イヌなで』をムリにやってもうまくいきません。ワンちゃんの様子を見ながら、今がふさわしいタイミングなのかどうか判断してあげてください。食後1時間程度経ったころはたいていのワンちゃんが落ち着いているので、狙い目です。また『イヌなで』の最中、「気持ちいい？」とワンちゃんに気持ちよさをムリじいするのも、やめてくださいね。

□愛犬が病気、通院中

ワンちゃんが発熱している、闘病中、妊娠中、骨折している、出血している、感染症にかかっている、ヒフ疾患にかかっているなど、病気のときは『イヌなで』をしないこと。『イヌなで』は医療行為ではないので、必ず病院へ行き、お医者さんの診断を受けてください。お医者さんのＯＫが出たときのみ、『イヌなで』をしてあげてください。

コラム：aziさんの味のある話 2

わが家は思いきって生肉をあげています。

わが家の愛犬ティアラはヒフが弱く、一時期何か所もズルむけになってしまいました。病院に通いましたが、一向によくならず……。「からだから変えてみよう」とごはんをすべてドライフードから手づくりに替え、温浴をさせてみたところ、かなり改善されました。

その後、「ワンちゃんには馬肉がいいよ」と聞きました。実際、馬肉専門店で、馬肉はアレルギーを起こしにくく高たんぱく質でからだをつくるのによいことなどをお聞きし、自分でも納得。以来、ティアラ（のちにゾーイも）のごはんは馬肉です。

馬肉を食べ始めてからは毛づやも体調も良好！　筋肉のつきまでよくなりました。低カロリーなので、太ることもなく体重管理がラクですよ。わが家の2匹はけっこうパクパクごはんをたくさん食べるほうですが、ウエストもくびれたままで、「馬」と呼ばれています（笑）。

ごはんの合う、合わないはそのコ次第。ワンちゃんの体調を見ながら、選んであげてほしいと思います。ただ、ドライフードだけをあげ続けると、どうしてもワンちゃんの摂る水分量が不足し、膀胱炎《ぼうこうえん》の原因にもなってしまうため、ご注意を。水を置いておいてもワンちゃんは積極的に飲まないので、ドライフードを水分でふやかすか、肉や野菜のスープをプラスしてあげるといいですよ！

それからもうひとつ、わが家では衛生面から食器をステンレス製、陶器製（ともに日本製）にこだわっています。食事は日々、積み重ねていくことなので、食器選びもきちんと考えたいかな、と思うのです。

うちのコたちは、生の馬肉が主食です。
（写真提供／aziさん）

part 3

ここから実技に入ります!

『イヌなで』3つの基本ワザ

ここでは『イヌなで』3つの基本ワザ
「なでなで」「くるくる」「ひっぱり」の
テクニックを紹介します。
この3つさえ覚えれば、
ワンちゃんをいやせること間違いなし！

基本ワザ❶

なでなで

あなた自身が
ゆーっくり呼吸しながら、
やさしく、やさしく、なでましょう。

（詳しくは40ページから）

『イヌなで』するための手は・・・。

1

なでなでするほうの手の、手のひら全体を、ワンちゃんのからだに密着させます。

全身くまなく、『なでなで』する。

3

ワンちゃんの鼻の先からしっぽの先まで、背中側もおなか側もゆっくり**なでなで**していきます。

ゆーっくり
呼吸しながら、
おだやかな気持ちで。

なでる手と反対の手を ワンちゃんのからだに 軽くそえる。 2

手をそえる場所は、ワンちゃんの体勢に
合わせてそえやすい場所ならどこでもOK。
ワンちゃんのからだも心も
落ち着かせてあげましょう。

なでなでは
つよーく
押さないでね

そっとふれる感じで、
力を入れすぎないように。

からだのカーブに沿うように、
やさしーく**なでなで**。

aziさん実演中の
動画が見られます!

基本ワザ ❷

くるくる

指の腹で、ゆーっくり丸をえがく感じ。筋肉をやさしくほぐしてあげます。

（詳しくは50ページから）

指先ではなく
ワンちゃんの表情を見てあげると
力が入りすぎず、
ワンちゃんに負担がかかりません。

1 くるくるする指を決める。

ワンちゃんのからだに当てる指の本数は、そのコのからだのサイズや場所に合わせて。

たとえば太ももなら……

- モデルのミニチュアダックスフントなら人差し指、中指、薬指の3本。
- ゴールデンレトリーバーなら人差し指、中指、薬指、小指の4本。
- チワワなら人差し指、中指の2本。

2 支点を決める。

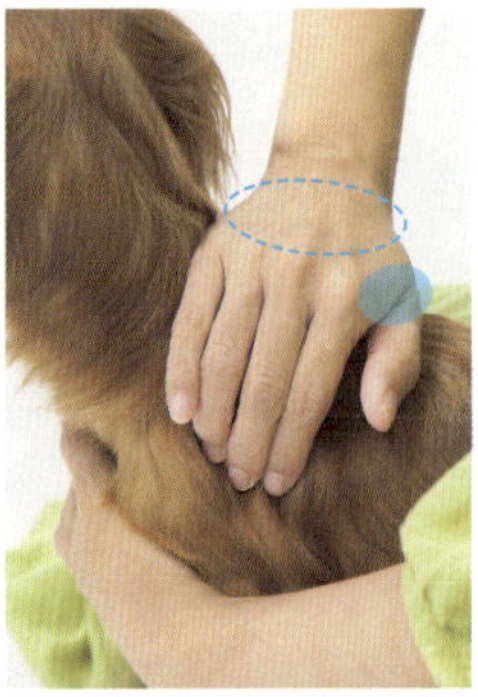

丸をえがく（=**くるくる**）指を安定させるため、手のひらのつけ根か親指のつけ根を支点にします。

3

指の形はやや丸め。指の腹を使って少し圧をかける。

指をやや丸め、指先をワンちゃんのからだに当てます。このとき爪は立てないこと。指の腹を使って少し圧をかけながら、丸を何回かえがきます。

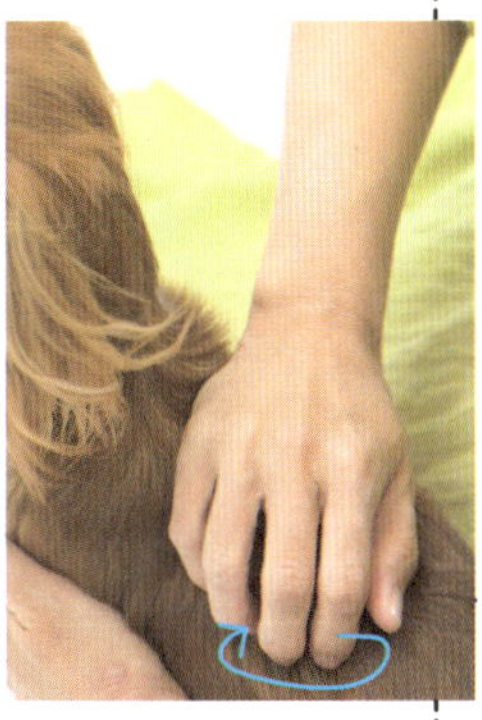

×NG!

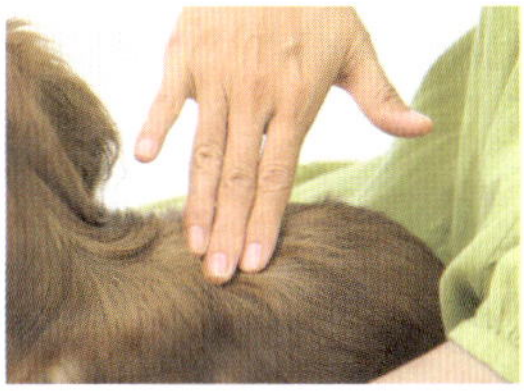

- 指がまっすぐ伸びている。
- 爪を立てる。
- 支点が決まっていない。

指といっしょに
自分の腕や
からだも動かす
イメージで。

疲れたとき、
自分の上まぶたを軽く
マッサージするくらいの
強さがちょうどよい強さです。

aziさん実演中の
動画が見られます!

手のひら全体で
やさしくヒフをつかんで、
ひっぱり上げます。

基本ワザ
❸

ひっぱり

（57ページに応用編）

1

毛のある部分のヒフを手のひら全体でつかんで。

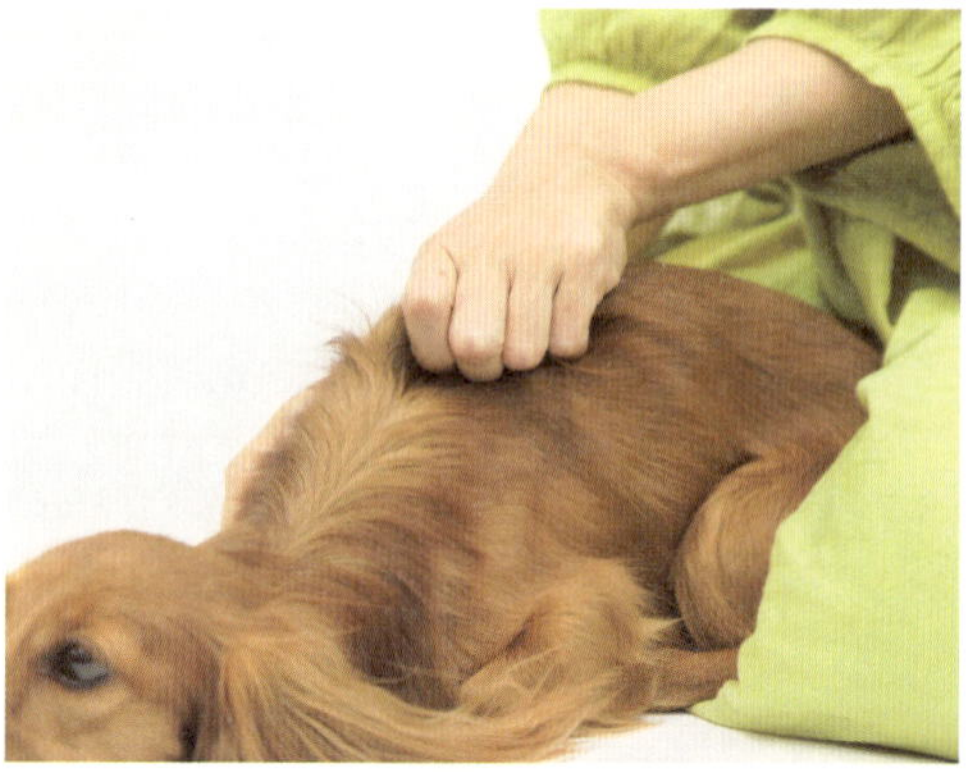

2

そのまま上にひっぱり上げる。

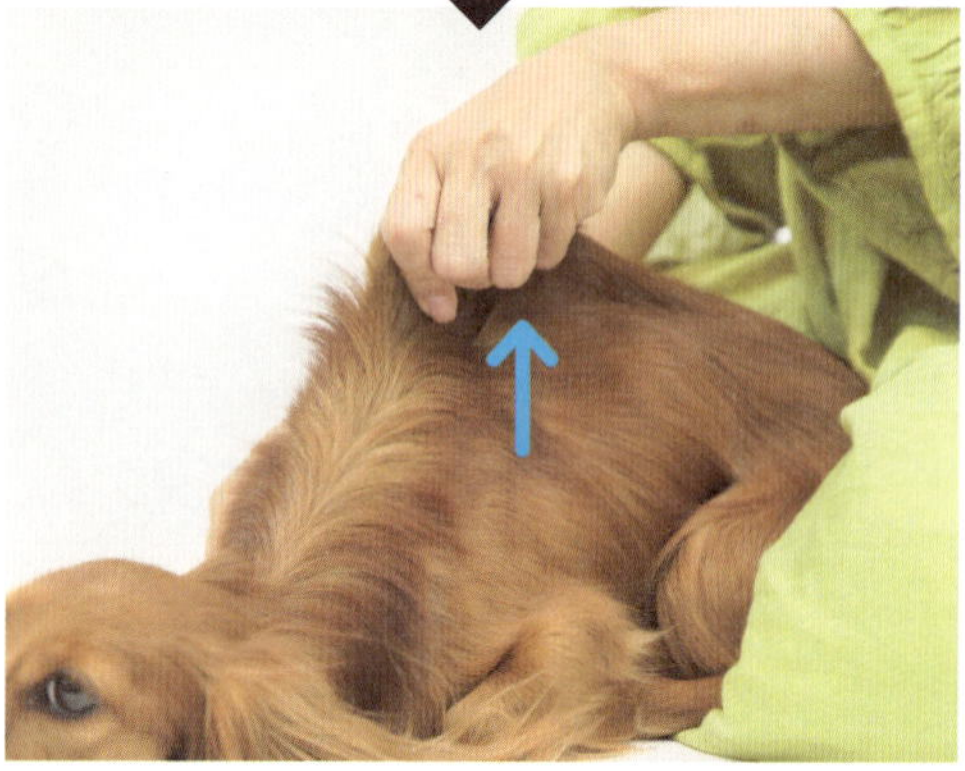

3

ヒフといっしょに手を下へ戻す。

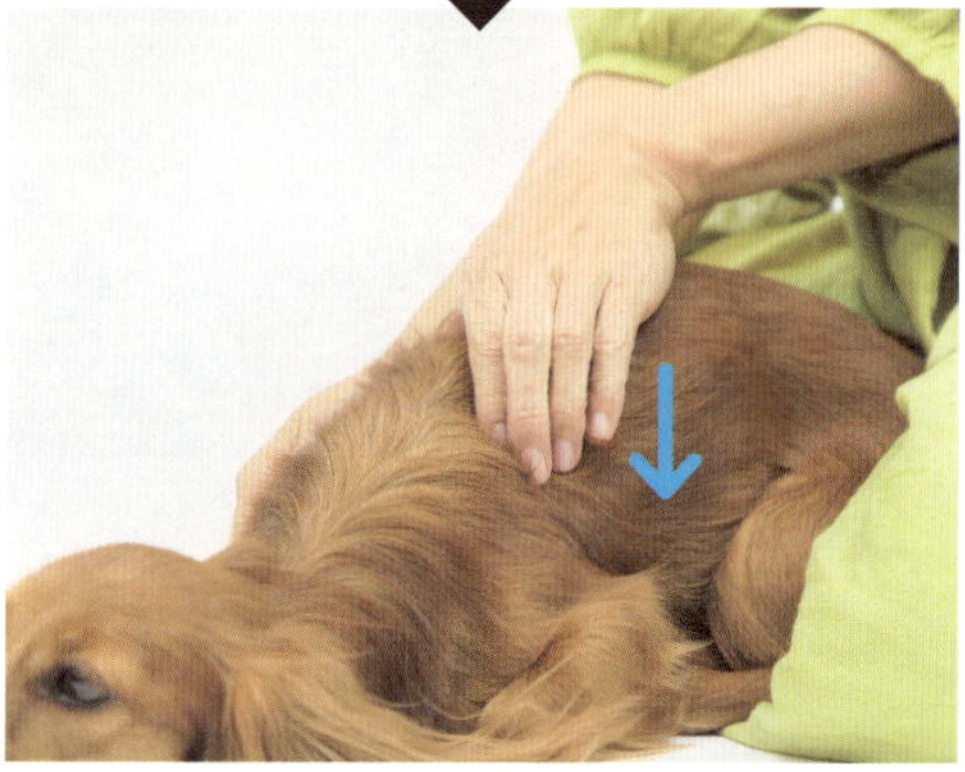

思った以上に
ヒフが上に伸びて、
ビックリ
することも！

ヒフのかたいコは、
はじめは指先で
つまむだけでも
構いません。

手のひら全体で
ゆーっくりつかんで
ゆーっくりはなします。

やさしすぎてもひっぱれないので
ほどよく力を入れて。

おなか以外は、
頭も含めた全身に
使えます。

×NG! おなかはしない！

aziさん実演中の
動画が見られます！

コラム：aziさんの味のある話 3

1日最低5分でもいいんです。

ペットショップでは、チワワなどの小型犬について、「お散歩がいらないですよ」と説明することがあるそうです。若いうちは、それでもいいかもしれません。だけどワンちゃんだって人間と同じで、歩かなければだんだん筋力が低下し、将来的に歩けなくなってしまうかもしれません。

私はどんなワンちゃんでも、1日最低5分は外でお散歩をしてあげてほしいなと思います。筋力だけの問題ではなく、外でのお散歩は、五感刺激とストレス発散につながるからです。ヒトにも『脳トレ』がはやりましたが、ワンちゃんだってたくさんの刺激を受ければ、脳の活性化につながります。

お散歩というと、「1時間、2時間行かなければならないの？」と思い込んでいる飼い主さんも多いようです。でも家のまわりを1、2周するだけでもいいので、ぜひ毎日連れて行ってあげてください。

ただし猛暑や極寒の時期、地域によっては、常に外気温と室内の温度差を考えて、ワンちゃんのからだの負担にならない時間を選んでお出かけしてほしいと思います。最近の猛暑では夜になってもなかなか気温が下がらないので、私は早朝長めに散歩をし、夜は行かないこともあります。

適度なお散歩は、からだの面からも心の面からも、重要です。

シニアになっても、毎日少しずつでもお散歩をしているコは、結果的に長生きしていると思います。これもまた、ヒトと同じですね。私の父は、非常に規則正しい毎日を送るシニア世代。毎日決まった時間に1万歩歩き、食事の時間もきっちり守って、83才の今もバリバリ健康です！

涼しい時期の夜は、首輪にライトをつけて出かけます。（写真提供／aziさん）

part 4

さあ始めましょう!

azi式1日10分 幸せマッサージ

まずは基本ワザ❶なでなでを使って、
準備運動を始めましょう。
ワンちゃんとあなたが
気持ちいい時間を過ごすための、
最初のステップです。

準備運動は、全身**なでなで**。ワンちゃんの心が落ち着きます。

1 頭から背中、しっぽまで

Start!
全身をくまなくチェックする気持ちで!
しっぽをさわられるのをイヤがったら、やらなくてもOK。
Goal!

ワンちゃんのからだに手を密着させ、頭から背中、しっぽまで一方向に5回、やさしく**なでなで**。

体のカーブに沿うようになでると
血流がよくなり、からだもポカポカ。
ワンちゃんの心が落ち着きます。

azi さんの **ONE POINT !**

ここでの**なでなで**は、いわば本番前の準備運動。ワンちゃんの心を落ち着かせ、『イヌなで』態勢に入ります。**なでなで**を続けていくと、「さわられ上手」なコにもなりますよ。

しっぽのなで方

1

背中までなでなでしたあと、しっぽのつけ根を軽くつかむ。

2

そのままやさしく、しっぽの先へ流すように手を動かしていく。

3

最後は手からしっぽをスッと抜いてあげて。

azi さん実演中の
動画が見られます!

2

ワンちゃんの肩から前足の先に向かって、一方向に5回、**なでなで**。

前のあんよの外側

なでる手と反対側の手で、
ワンちゃんのからだを
支えてあげて。

両手で一度に
左右のあんよを
なでなでしてもOK！

azi さんの **ONE POINT !**

このあたりを**なでなで**されるのが好きなワンちゃんは多いんですよ。準備運動だけでワンちゃんも落ち着いて、気持ちよ〜くなってきます。

3

後ろのあんよの外側

太ももから
後ろ足の先まで
一方向に5回、
なでなで。

なでる手と反対側の手で、
からだを支えて。

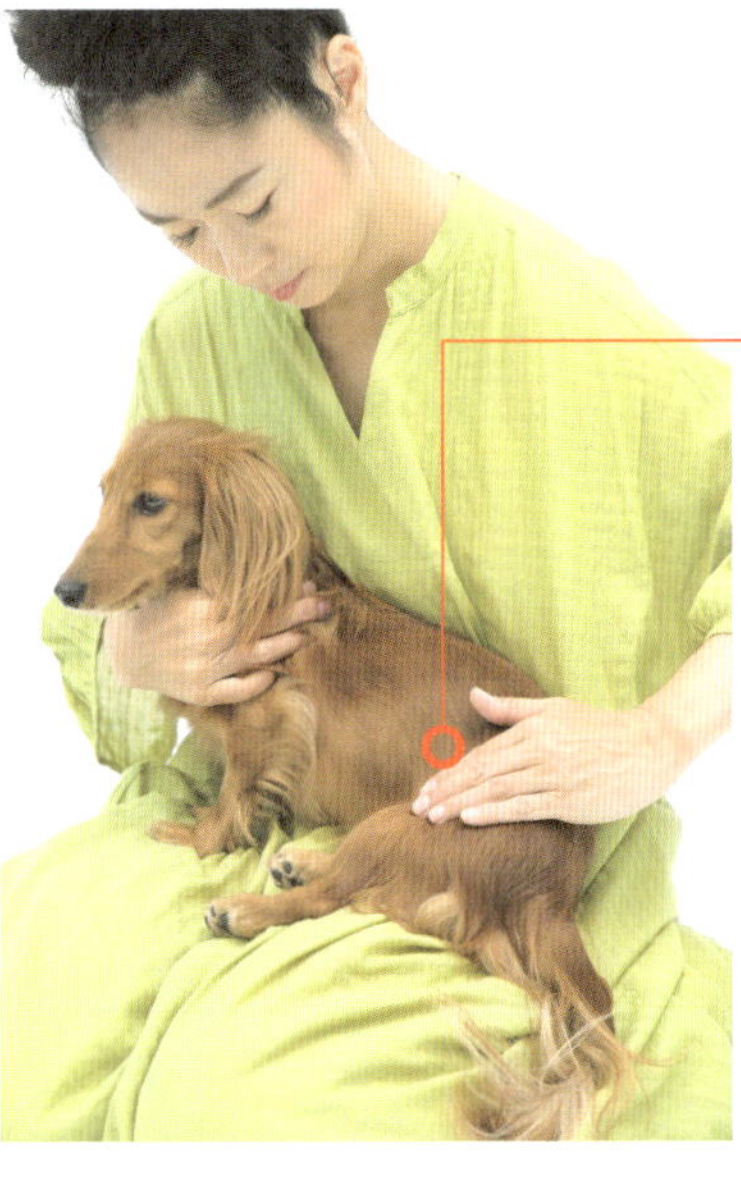

前のあんよ、後ろのあんよとも、
写真通りの体勢で
なでなでしなくても構いません。
抱っこしながら**なでなで**してもOK！

NG!

ムリやりひっくり返さない。

抱っこしているときや、ワンちゃんが横になって
気持ちよさそうにしているときは、ムリにひっくり
返そうとせず、片側だけで終わりましょう。

4 おなか側&あんよの内側

1

あごの下から
おなか全体を
一方向にやさしく5回、
手のひらで**なでなで**。

男のコの場合は
おちんちんを避けて。

前のあんよの内側を左右とも一方向に5回、**なでなで**。

2

肉球をさわられるのをイヤがるコはムリに**なでなで**しなくてもOK。

わきの下、太もものつけ根もていねいに**なでなで**（リンパ節があります）。

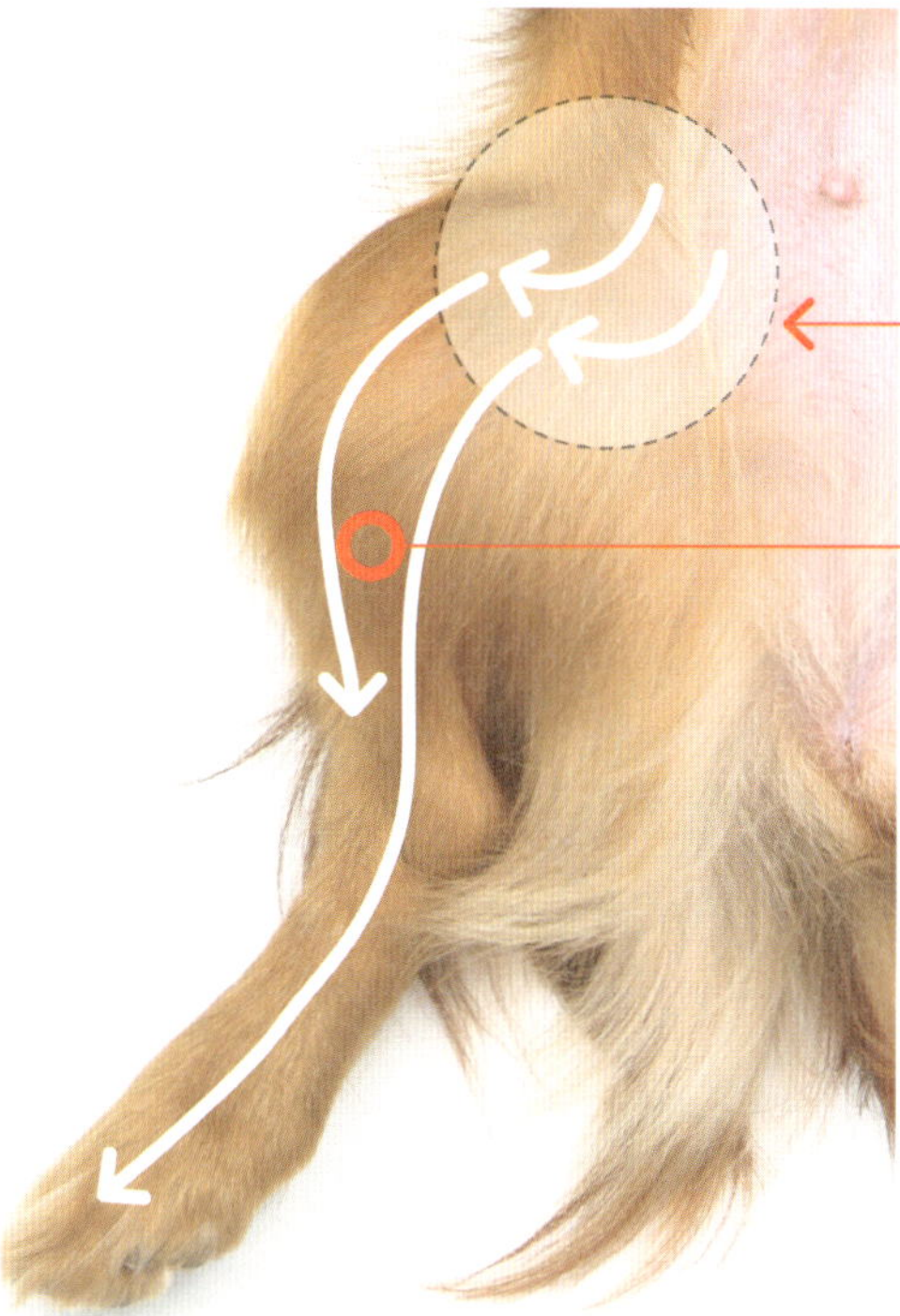

3

後ろのあんよの内側を左右とも一方向に5回、**なでなで**。

あお向けでも
立たせたままでも
OK！

azi さんの ONE POINT！

あお向けの苦手なコは、立たせたままであんよを軽く握り、上から下へさすりましょう。

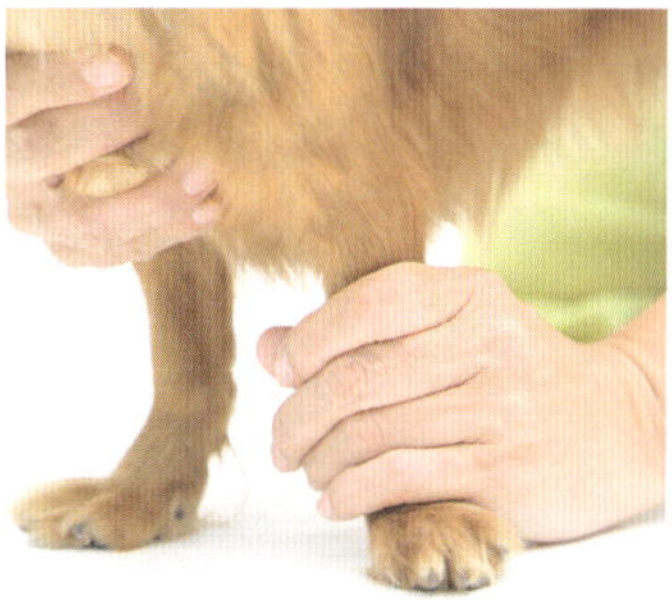

5

顔なで

手のひら、もしくは
指の腹の部分を使い、
鼻先からほっぺに向けて
一方向に5回、
やさしく**なでなで**。

両手でも片手ずつでもOK！

aziさん実演中の
動画が見られます！

NG!

落ち着かせようとして首輪でコントロールしないで！

ムリやりやろうとするヒトの気迫が伝わって、ワンちゃんが緊張し、逃げようとしちゃうかも？正しくやっていてもワンちゃんがイヤがるときは、なでなでの力が強すぎる可能性が高いので、力を弱めてあげて。

片手で**なでなで**するときは、なでる手と反対側の手をワンちゃんにそえて。

目に指が当たらないよう、注意！

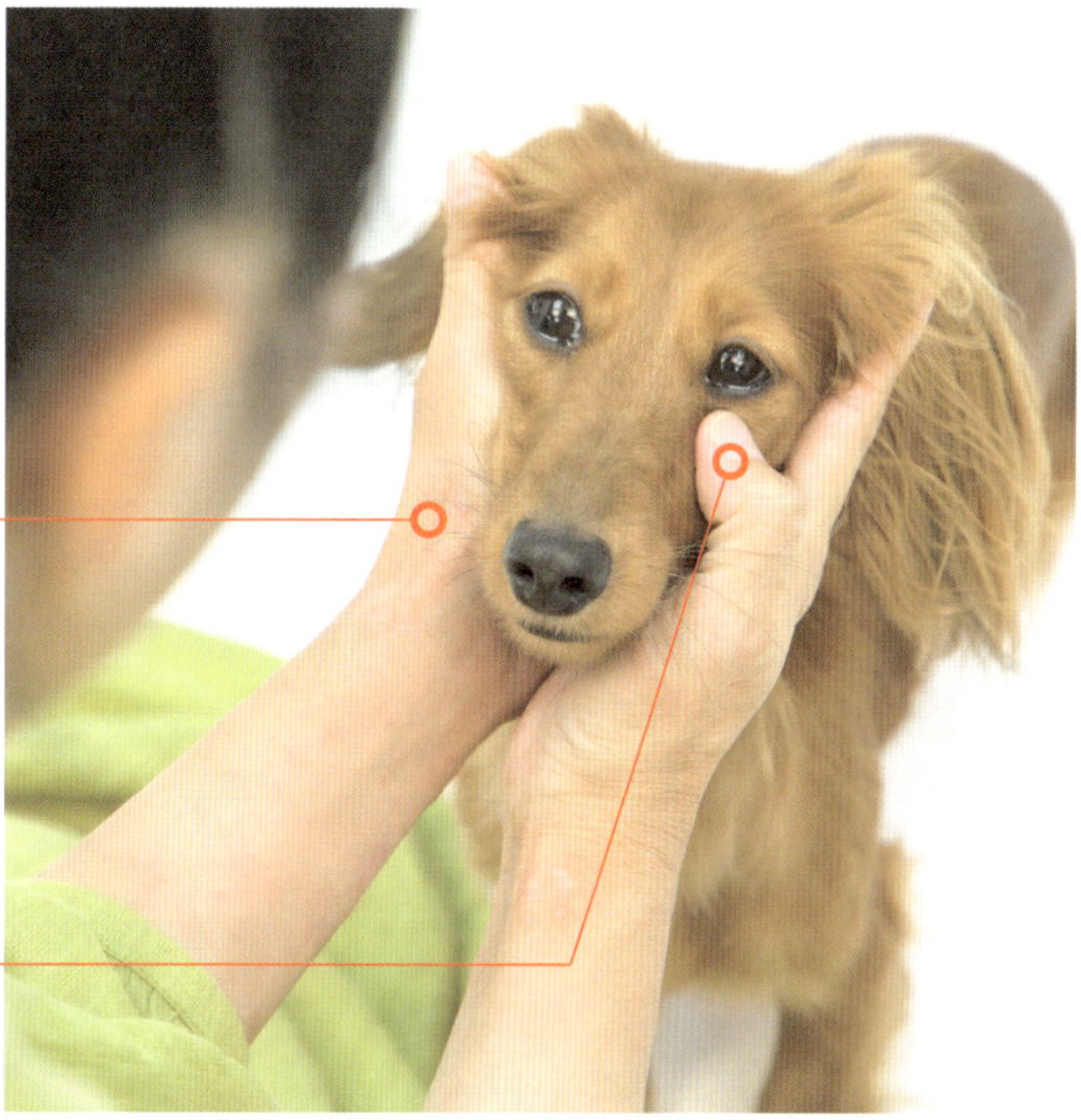

aziさんのONE POINT！

ここまでで、すでにほとんどのワンちゃんはからだが温まり、気持ちよ～くなってきているはず。**なでなで**には意外と威力があるんですよ。自然災害などで過度のストレスを受けたワンちゃんにも、飼い主さんの**なでなで**はとても大きないやしになるので、ぜひマスターしておいてください。

ワンちゃんにも“パーソナル・スペース”が必要です。

あなたのワンちゃんは、自分だけの安心できる場所、確保していますか？

ワンちゃんにたくさんの睡眠が必要なのは、みなさんご存じだと思います。十分な睡眠に加え、ワンちゃんたちにはもうひとつ大切なことがあります。それは、彼らにとって安心、安全な場所をつくってあげること。「ここがあなただけの場所だよ」と言える、ワンちゃんだけの〝パーソナル・スペース〟をつくってあげてほしいのです。そこが彼らの心身にとって安らぎの場になり、ストレスが軽減されます。

わが家では1匹につき1つ、ケージを用意しています。2匹とも、何かあると（さわられたくないときも！）自分のケージに入って安全確保。眠くなったら、そこに入って寝る。歯みがきは好きじゃないので、私が用意を始めると、2匹ともそこに逃げ込みます（笑）。

ワンちゃんは、環境の変化に適応しづらい動物です。だから四六時中、ワンちゃんを連れ回して歩くのも私は賛成できません。ワンちゃんが1匹でいる時間をもたせることが〝悪〟だと思っている人は意外に多いのですが、私はヒトと同じで、ワンちゃんにも自分だけの時間が必要だと思います。ケージ、クレートなど安心、安全な場所をつくっておいてあげると、ワンちゃん自らそこに入ることによって、言葉はなくても私たちに意思表示ができます。

ストレスがたまると、ワンちゃんのからだには張りが出て、パツンパツンになります。マッサージで張りを取ることも必要ですが、おうちでの毎日の環境づくりを、まずは気にしてあげてください。

ティアラ（右）とゾーイのケージ。あえて専用のものを設け、となり同士に置いています。
（写真提供／aziさん）

part 5

ここまででかなりユルんできたよ～

ワンちゃんを さらにほぐして あげましょう

意外とこっている、ワンちゃんたちのからだ。
ここからはくるくる、ひっぱりも加えながら、
さらに全身を細かくほぐしていきます。
トロけるワンちゃんたちの表情にも注目！

1

実はこってる**首**を**くるくる**。筋肉をほぐしてあげるイメージで

1 首輪をしているあたりに指の腹を置き、1点集中で3回、小さな丸をえがくようにほぐす。

2 丸（×3回）を首まわり全体にえがくイメージで、手を動かしていく。

首輪をするあたりには筋肉があり、とてもこっています。

3 首まわりを3周する。

ていねいに
ほぐしてあげて
ください

ワンちゃんの表情を
見ていてあげましょう。

ワンちゃんの顔がトロけたら、
3周せずに終わっても
構いません。

ワンちゃんを
おすわりさせた状態で
くるくるしてもOK！

NG!

**気管と頚椎《けいつい》は
避けて
くるくるしてあげて。**

気　管

頚　椎

2 前のあんよを**くるくる**で、目指せ肩こり解消＆お手入れ上手！

鶏もも肉と似た弾力の場所を探して！

1 肩の筋肉に指を当てる。

肩のもりもりしているところが筋肉です。

2 1点集中の**くるくる**を1か所につき3回ずつ。

3 少しずつ場所をずらしながら、肩の筋肉全体をくまなく**くるくる**。これを3回くり返し行なう。

ワンちゃんはみんな肩こりなので、ここを**くるくる**するとトロけます。

4 肩を**くるくる**し終わったら、その流れで前のあんよを軽く握り、上から下へやさしく1回なで下ろす。

aziさんの **ONE POINT !**

こうしてあんよをさわられることが「気持ちいい」とわかると、ワンちゃんは徐々に爪切りや足ふきもイヤがらなくなります。子イヌのころからやっておくと、しつけにもなりますよ！

5 ワンちゃんの手の指の間（水かき）にヒトの指を1本入れ、やさしく3回かき出すようになでる。これを3回くり返して行なう。

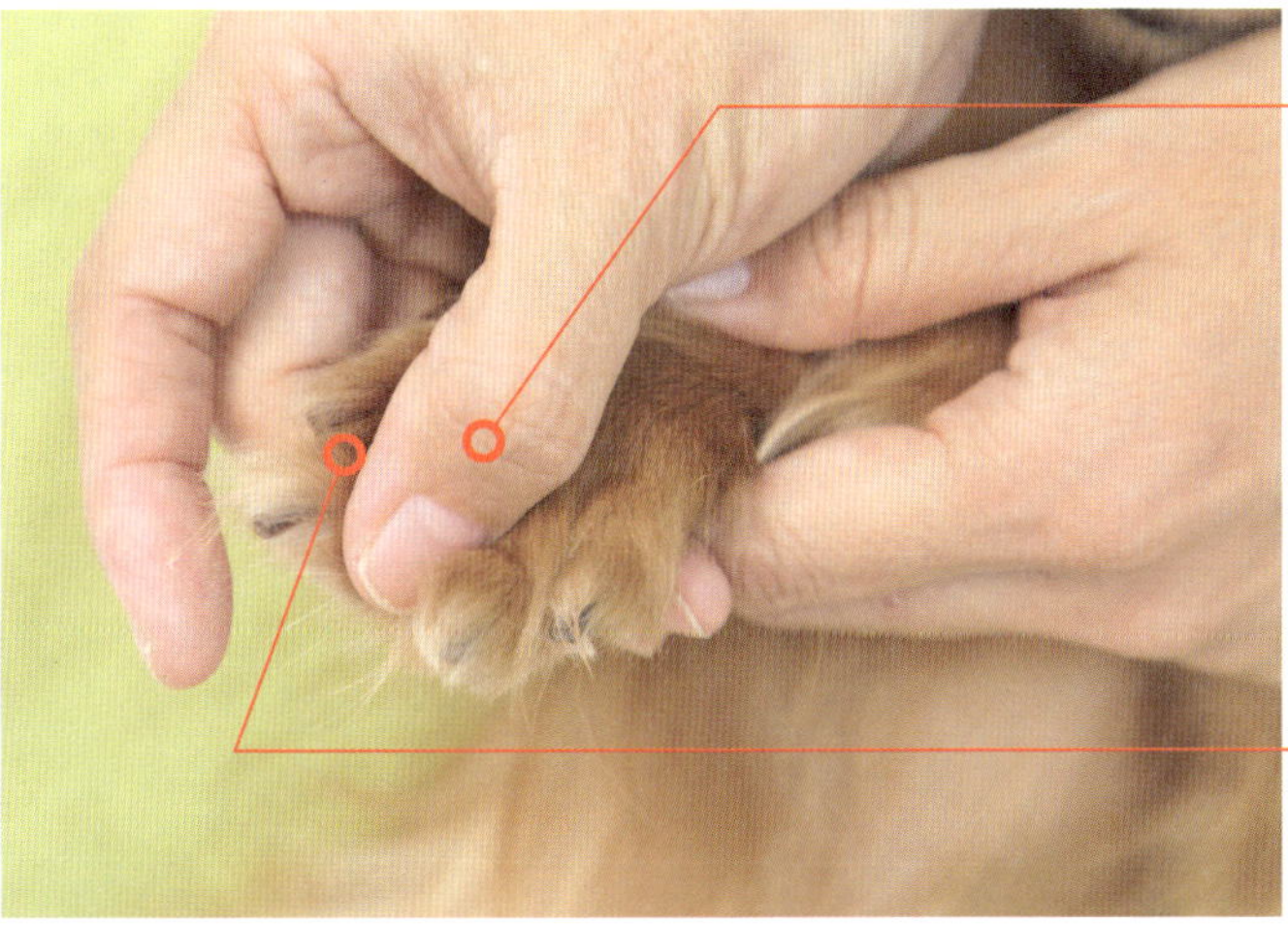

どの指でなでてもOK。

とりわけ小指と薬指の間は、ワンちゃんのリラックスのツボ！

NG!

水かきなでなでを極端にイヤがったら、やめましょう。

6 ❶から❺までを左右のあんよ両方に。

3

後ろのあんよもくるくるほぐして、足腰をラクにしてあげましょう

1

肩と同じように
1点集中の**くるくる**を、
1か所につき3回。
太もも全体をくまなく
3回くり返す。

抱っこした状態でも
くるくるできます。

太ももの筋肉をやさしく、
ていねいにほぐします。

（写真のミニチュアダックスフントで、
くるくるは6か所程度）

2 太もも**くるくる**が終わったら、
前のあんよと同じように
後ろのあんよを軽く握り、
1回なで下ろす。

3 この流れで、後ろのあんよの水かき部分を3回**なでなで**。
これを3回くり返して行なう。

4 ①から③までを
左右のあんよ両方に。

aziさんの **ONE POINT !**

歩き方がなんとなくおかしいコ、シニアになってウンチが踏ん張れないコなど、後ろのあんよをていねいにほぐしてあげると、ラクになりますよ！

4 くるくる＆ひっぱりの合わせワザで、背中の張りをほぐす

実は
ワンちゃんたちの
背中、張ってます！

1

背骨の両わきにある
筋肉を、1点集中で
3回**くるくる**。

2

肩あたりから3回ずつ
くるくるしながら、
しっぽのほうに
移動していく。
背骨の両側を
3回ずつくり返す。

azi さんの **ONE POINT !**

みなさんけっこう、背骨から遠いところを**くるくる**しています。ほぐしたいところは背骨にかなり近い部分（筋肉を含む）なので、気をつけて！

NG!

腰が痛いコは
絶対にやらないで！

3

背骨のラインに沿って、首の根元からしっぽのつけ根まで3往復**ひっぱり**。

背中の両側**くるくる**と違って、位置が多少ずれても大丈夫！

azi さんの **ONE POINT！**

緊張感の強いコや太りすぎのコはヒフがパツンパツンで、ひっぱりにくい傾向に。そんなコは**くるくる**で、からだも心もほぐしてあげて。

ひっぱりにくいところがあったら？

- 首に戻って、できる範囲だけをひっぱります。
- 毎日少しずつ、できる距離を伸ばしていきましょう。

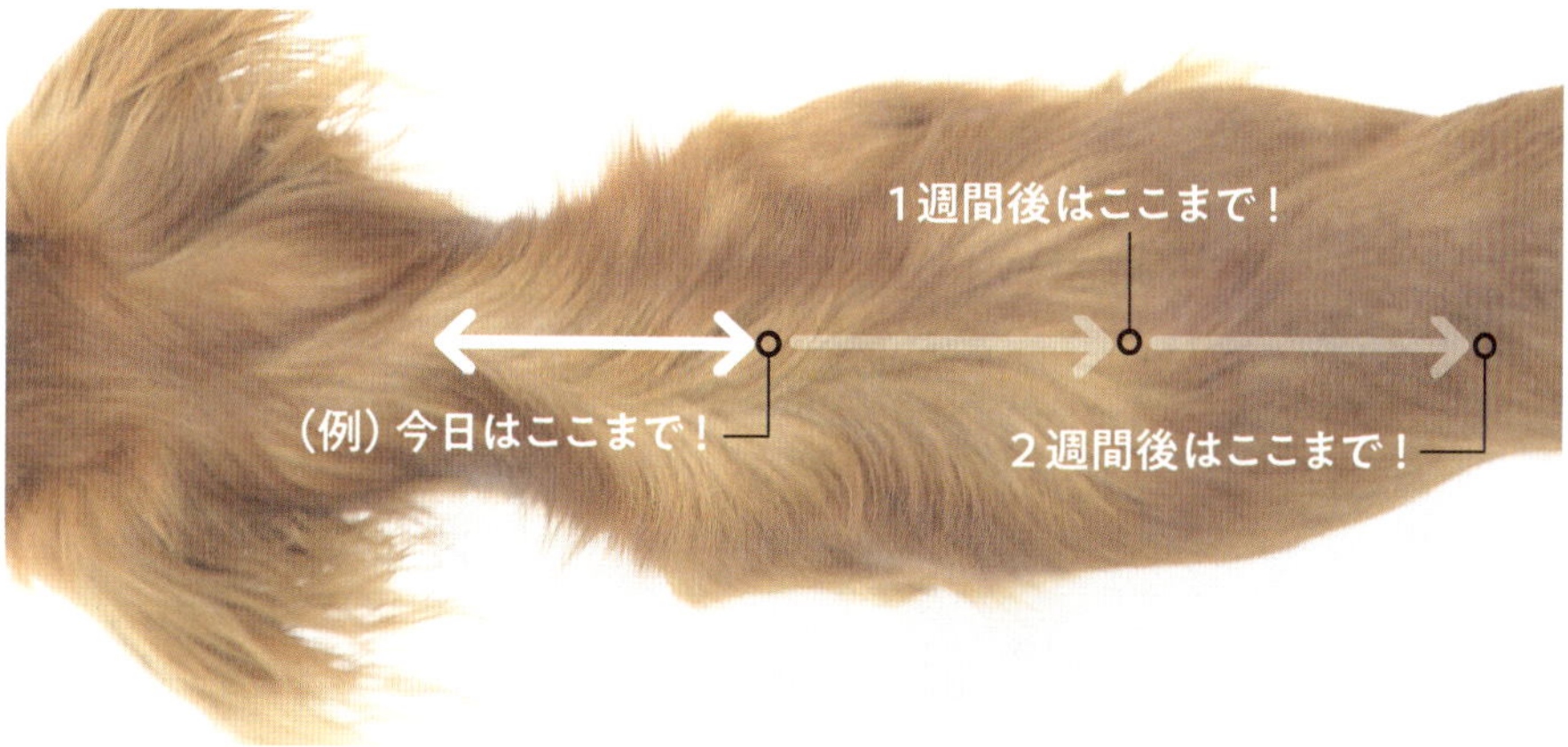

NG!

ムリやり**ひっぱり**を3往復してワンちゃんに負担をかけないよう、できないときは「やらない」ようにしてください。

5

隅から隅まで、**なで**どころ満載！
顔だってじっくり、**なで**てほしい！

頭のてっぺん↓耳↓目↓鼻↓ほっぺの順に
なでなでしていきましょう。

頭のてっぺんを
やさしく、ていねいに、
大きな丸を３回
えがくように**なでなで**。

小さいコは指の腹、
大きいコは手のひらまで
使って**なでなで**。

aziさん実演中の
動画が見られます!

タレ耳さんは親指とほかの４本の指の間にはさんで３回、耳の先に向けてひっぱるイメージで。

耳

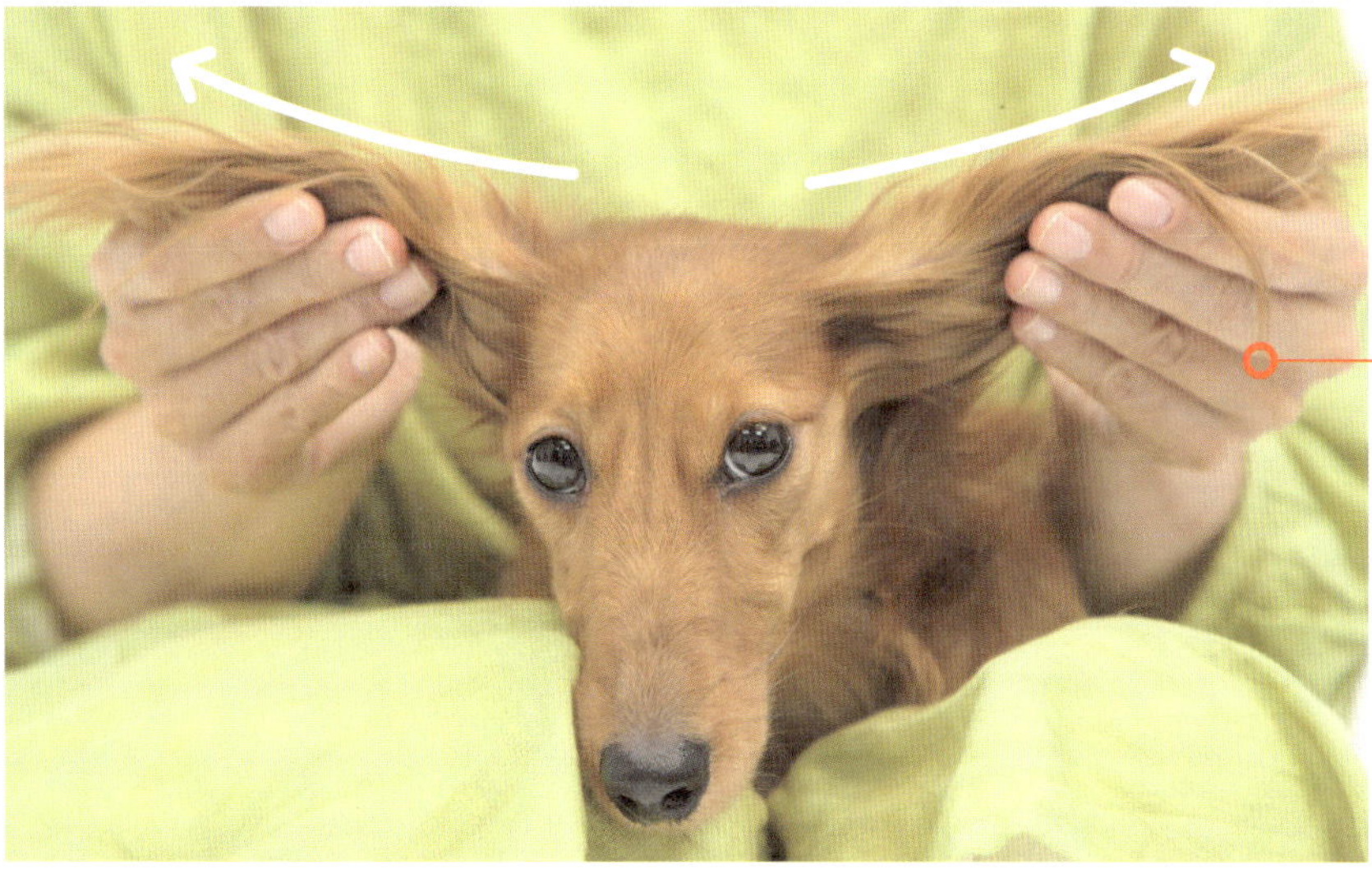

両手でひっぱっても
片方ずつでも
OKです。

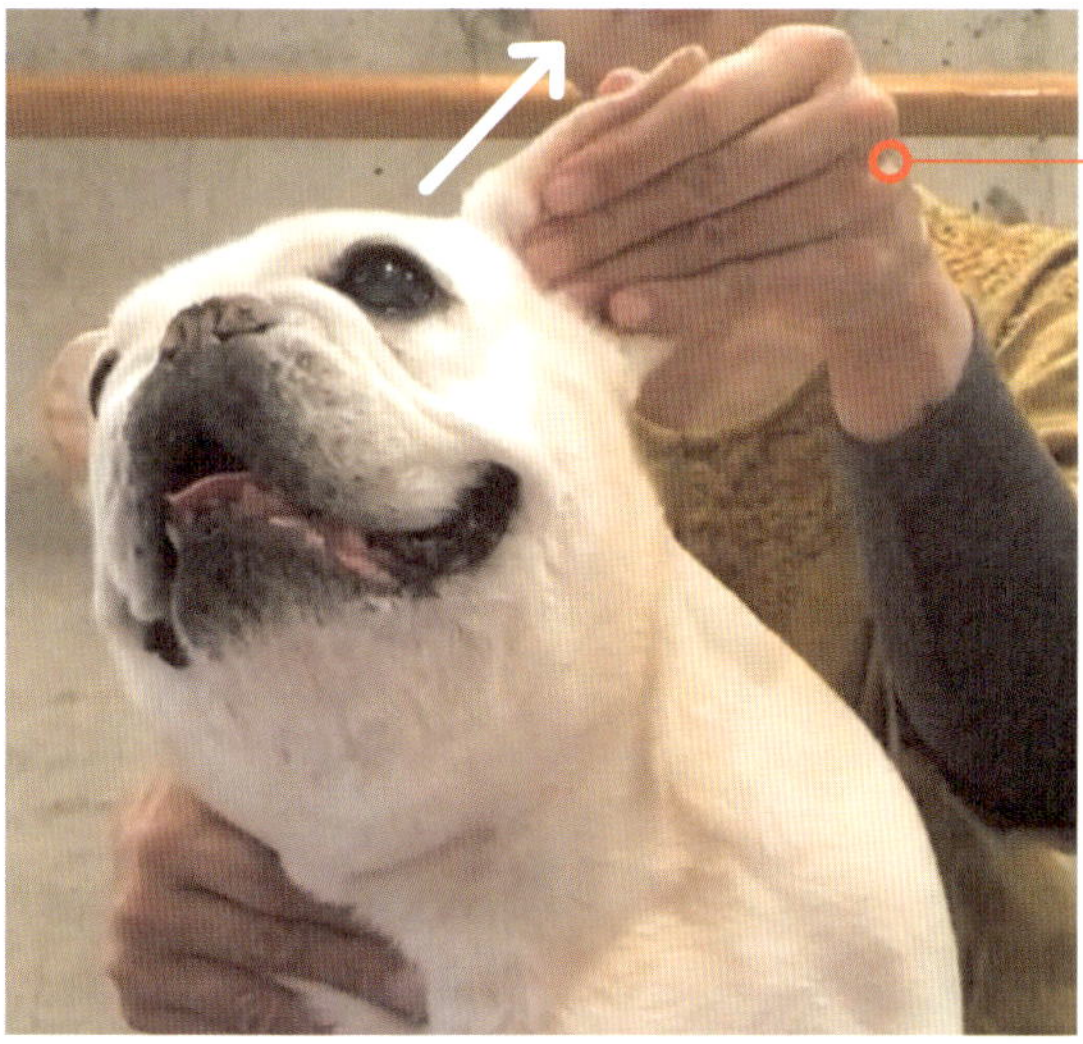

立ち耳さんは親指とほかの４本の指の間にはさんで３回、上にひっぱるイメージで。

アレンジ

耳のつけ根を
手ではさんでもみもみ。

これもすごく
気持ちいい！

aziさんの ONE POINT！

ヒトも耳たぶをひっぱると気持ちいいですよね。そんなイメージでワンちゃんの耳のはしからはしまで、ゆっくりていねいに伸ばしましょう。

aziさん実演中の
動画が見られます！

1

眉毛のあたりを、
半円をえがくように
やさしく**なでなで**で
３往復。

目

2

目のすぐ下を
やさしく**なでなで**で３往復。

azi さんの **ONE POINT !**

手のひらのつけ根か親指で支点をつくり、指先がグラついてワンちゃんの目に入らないようにしましょう。

やりやすい体勢でOK。

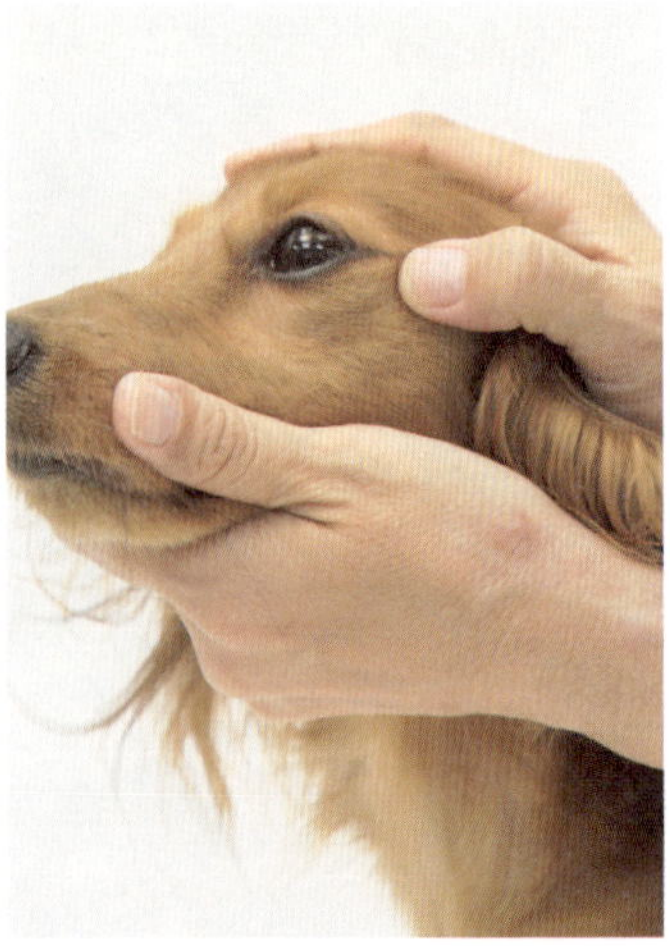

横からでも。

後ろからでも。

前からでも。

鼻

使う指は何本でもOK
（鼻ぺちゃさんや
おチビさんは指1本でも）。

眉毛の間あたりから
鼻先まで
なでなでで3往復。

aziさんのONE POINT！

目ヤニや涙の多いコは、目や鼻の**なでなで**をしっかりやると、減ってきますよ！

なでる手と逆の手で顔を支えてあげて。

ほっぺ

両側のほっぺを
くるくるしてあげて。

ほお骨の下にある、
もりっとしたところを
1点集中で3回、**くるくる**。

aziさん実演中の
動画が見られます！

6 おなかを大きくくるくる。あなたもいっしょに眠くな〜る

毛がうずを巻いている
あたりがおへそ。
（わかりにくいコもいます）

1

おへその
少し下あたりに
手のひらを当てる。

2

1周5秒くらいかけ、
ゆっくりやさしく
3回大きな円をえがく。

おなかが痛いとき、
自分のおなかをさするようなイメージで。

あお向けでなくてもOK。

あなたもワンちゃんも
リラックスできる体勢で。
ここで大事なのは
「ゆっくりやさしく」です！

ゆっくり、
やさしく……

準備運動（44ページ）のときと
同じくらいの圧で。

よく私もいっしょに眠たくなります……。

aziさんのONE POINT！

ワンちゃんもヒトもマッサージの理屈ややり方はほとんど変わりません。一番の違いは、ワンちゃんに対しては力を入れないこと。やさしく、やさしく。

イヌなでの仕上げに……

全身をさーっと流すように**なでなで**し、「終わりだよ」の合図を出してあげましょう。

※イヌなでが終わったあと、お水を欲しがるコ、トイレに行きたくなるコが多いので、ワンちゃんの様子をしっかり見ていてあげてくださいね！

コラム：aziさんの味のある話 番外編

ワンちゃんたちの「気持ちい～いサイン」は？

『イヌなで』の最中、ワンちゃんたちがこんな様子を見せ始めたら、それは「気持ちいい」サイン！

- ゆっくりまばたきをしたり、目をシバシバさせたりしているときは、気持ちよくなっているコが多い。
- 舌がチロッと出てくるのは、「トロけてます……」のサイン。
- からだから力が抜け、どんどん温かく、眠くなってくるように見える。

『イヌなで』実技のページでは、目安の回数を書いています。でも、私は回数をこなすより、ワンちゃんが気持ちよくなることが大切だと思っています。『イヌなで』しながらワンちゃんの顔や様子を見て、「気持ちいい」サインが出てきたら、そこで終わりにしてあげてもいいんです。

愛犬に飲ませる前に、自分の息子で〝人体実験〟！

次ページから詳しく説明する、『フラワーレメディ』。植物などのもつ自然のエネルギーでヒトやイヌのメンタルに働きかける、というものなんですが、実は私、自分で勉強してもなお、最初は半信半疑なところがありました。だって、アヤシイじゃないですか！（笑）　いくら「イヌにも使えるのよ」と言われても、まだかわいいティアラの体内には入れられない。そこで……当時、小学1年生だった息子を〝実験台〟に使うことにしました。息子ならイヌよりからだも大きいし、ひとまずヒトには安心、安全、無害ということでしたから。

息子はサッカーが大好きで、地域のサッカーチームに所属していましたが、いざ試合となるとなぜかボーっとしている子でした。そこをなんとか積極的に動かしてみたいなと思い、2つのフラワーエッセンスをブレンドして試合の2週間前から飲ませたのです。

そうしたら、なんと！　彼は試合で自ら、はつらつと動いたのです！　その変貌ぶりには、まわりのママ友もビックリ。「試合で活躍したら、何かごほうびに買ってあげるって約束したの？」と言われてしまいました（笑）。

ちなみに、息子に飲ませたのは19番の「ラーチ」（自分の能力や可能性について、自信がもてない）と7番の「チェストナットバッド」（そそっかしくて、同じミスを何度もくり返す。私は〝サザエさんレメディ〟と呼んでいます＝75ページ参照）。

この結果を見て、私はようやくティアラにも飲ませてみることを決意したのでした！

イヌたちにはフードやおやつといっしょにフラワーエッセンスを飲ませます。

part 6

ワンちゃんのためのフラワーレメディ

『イヌなで』と同時に、私がとり入れている『フラワーレメディ』。
ワンちゃんの生まれ育った環境や性格によっては、
『イヌなで』との併用をおススメしています。
ここで、その基本を紹介します。

参考文献：白石由利奈 著『バッチ フラワー BOOK 38種＊花のエッセンスが心をいやす』（小学館）

フラワーレメディってなんだろう？

自然の植物がもつエネルギーが、心身を健康にします。

フラワーレメディ（花のエッセンスによる療法）とは、自然の植物や岩清水がもつエネルギーによって、誰もが本来もっている心のバランスを取り戻す方法です。英国の医師、エドワード・バッチ博士が「真の健康は部分的な治療ではなく、心の平安からもたらされる」「いやしのカギは、自然の中にある」という考えの元、自然由来のエッセンスを飲む「フラワーレメディ」を完成させました。

たとえば、「このヒトの近くに行くと、いやされる（イライラする）」のと同じで、植物の中にもヒトの心に作用するエネルギーがあります。自分の性格や、その時々の精神状態に合わせ、フラワーレメディを取り入れることで、心身とも健康になるというわけです。「植物のエネルギー」なんて、ちょっとアヤシイですよね？（笑）

実は私自身、気になりつつも、はじめは「得体が知れないなあ」と思っていました。

そのころ私は、トリミングサロンでイヌのマッサージをさせてもらいながら、仕事の拡大を目指していました。ところがそのサロンが潰れ、一時は自分の夢までしぼみかけてしまったのです。失意の中、思い立って、日本のフラワーレメディ界の草分けでもある白石由利奈先生のセミナーを受講。基本的にはヒト中心の講座でしたから、まずは自分が〝毒見〟してみました。

すると、自分からどこに働きかけたわけでもないのに、ブログにイヌのマッサージについて書けばすぐ問い合わせがあるなどして仕事が広がり、家族の雰囲気まで変わってきました。「もしかして、フラワーレメディで私のエネルギーが変わったのかな？」と思いました。

安心安全、副作用もないのでワンちゃんにもOK。

それから、イヌへの使い方を自分なりに勉強し始めました。自分の息子への〝人体実験〟(66ページ参照)を経て、ついには当時1才の愛犬ティアラに飲ませるに至りました。『イヌなで』は、ワンちゃんたちの心身をともに整えることを目的にしています。しかし、『イヌなで』から入れないコには、このフラワーレメディが有効です。

たとえば地震や雷を怖がるコは、『イヌなで』だけではすぐに落ち着かせることができないため、メンタルに特化したケアとして、フラワーレメディがオススメです。関東地方に住む私の印象では、特に東日本大震災後、「イヌにもストレスやトラウマがあるんだな」と気づき、フラワーレメディを取り入れる飼い主さんが増えているように感じます。

フラワーレメディで使われるエッセンスには、植物や岩清水など38種類と、その中の5種の花のエッセンスを調合した『リカバリーレメディ™』があります。個人的なおススメは、日本フラワーレメディセンターで扱っているAinsworth(エインズワース)社のものですが、どこのメーカーでもいいと思います。ただし、保存料としてブランデーや、植物性グリセリンなどが使われていて、使用期限が異なりますので、ご注意くださいね。アルコールを保存料として使用しているエッセンスを使う場合は、飲ませる分に熱湯を適宜入れ、アルコール分をとばしてからにしてください。

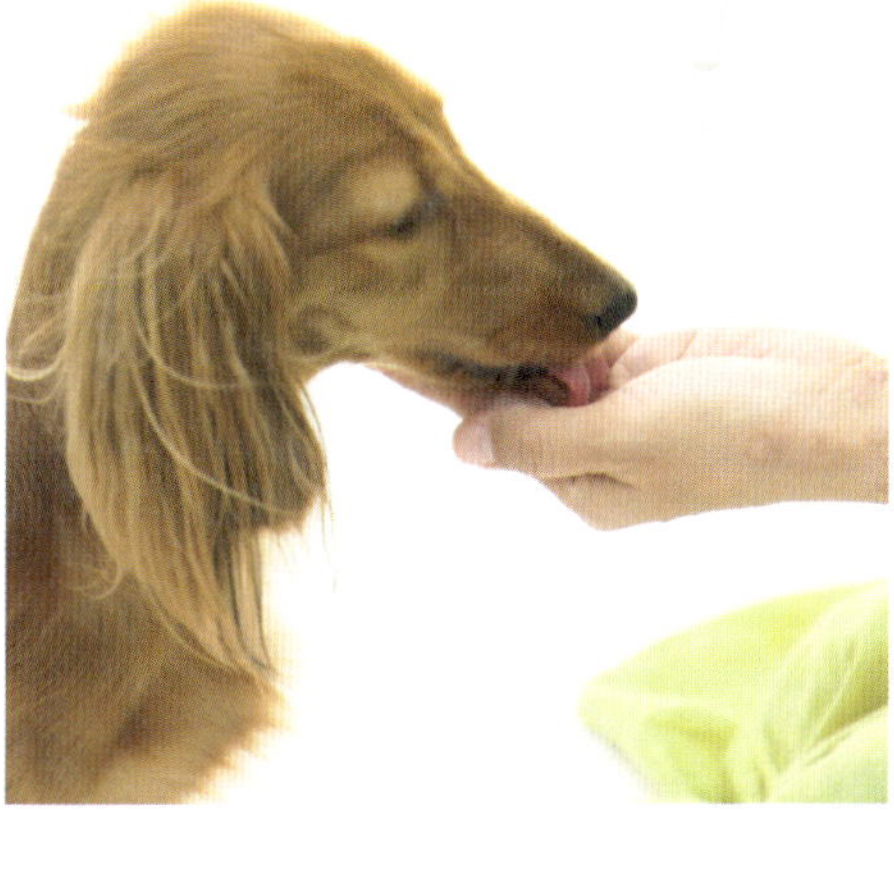

ーレメディの基本的な使い方は？

1 最も困っているテーマに当てはまるエッセンスを選びます。

まず、愛犬に関して「最も困っているテーマ（一番なんとかしたいところ）」を1つに絞ってください。

次に75ページの表の中から、それに当てはまりそうなエッセンスを最大7種類まで選んでいきます（ひとつでもOK）。数を絞るとき、「こうなりたい（なってほしい）」と思うものを選ばないこと。あくまでも、「今の状況の〝原因〟」となっているものから選んでください。

たとえばワンちゃんが「吠える」ことが、最も困っているテーマの場合。同じ「吠える」にしても、ワンちゃんが文句を言いたいからか、縄張り意識からか、恐怖からか、その原因によって使うエッセンスは違ってきます。つまり、ワンちゃんの気持ちにフォーカスして選んでください（選び方は、73ページを参考にしてくださいね）。

2 トリートメントボトルにブレンドします。

一般的に『トリートメントボトル（またはミキシングボトル）』という名前で売られている、スポイトつきの遮光ビン（30ミリリットル）を用意します。

ボトルの肩口まで、ミネラルウォーターを入れます。炭酸水は、NGです。次に、選んだエッセンスのストックボトルから各2滴、リカバリーレメディ（72ページ参照）から4滴、混ぜてください。

写真左から
リカバリーレメディ™（クリームタイプ）
リカバリーレメディ™（ストックボトルタイプ）
リカバリーレメディ（スプレータイプ）
フラワーエッセンスのストックボトル（6種類）
トリートメントボトル

フラワ

3

ワンちゃんに飲ませます。

トリートメントボトルから1回4滴を1日4回以上、ワンちゃんに飲ませます。飲ませる時間は、最低30分は空けるようにしてください。フルタイムで働いている方は、朝起きて1回、家を出る前に1回、帰宅して1回、夜寝る前に1回飲ませると、ちょうどいいと思います。

飲ませ方は、ヒトの手のひらの上に直接乗せてなめさせるか、おやつといっしょに手のひらに乗せてなめさせるのがベスト。水を全部飲みきらないコもいるので、飲み水に入れるのはあまりおススメしていません。確実に口の中に入るよう、工夫してあげてください。また、スポイトのガラス部分から直接、口に垂らそうとするとかんだりしてケガをする恐れがあるので、けっしてしないでください。

aziさん実演中の
動画が見られます!

注意！

- 衛生上、つくったトリートメントボトルは冷蔵庫に保管し、2週間で飲みきってください。つくり直す前に、ボトルとスポイトを煮沸消毒し、ゴムの部分は洗剤で洗いましょう。
- ワンちゃんに作用しない場合は、きちんと飲みきっていないか、状態に合っていないエッセンスを選んでいる可能性があります。
- もし間違えてワンちゃんの状態に関係ないものを選んでしまっても心配ナシ。変化が起こらないだけで心身に害はありません。
- ワンちゃんの状態がひどい場合は、必ず病院で獣医師の診察を受けてください。フラワーレメディは薬ではありませんので、これだけに頼ることは、絶対に避けてください。『イヌなで』同様、フラワーレメディは治療行為ではありません。

ワンちゃんにも
ヒトにも!
緊急時に役立つ
万能型

リカバリーレメディ™を、知っておこう。

リカバリーレメディはその名の通り、強いストレスや緊張を感じたとき、その前後、最中に飲む〝緊急時用〟のフラワーエッセンス。5種類の植物のエッセンスを混ぜてつくられています。メーカーによって『レスキューレメディ™』『ファイブフラワーレメディ™』と商品名が違いますが、(基本的には)同じものです。

リカバリーレメディはとても便利なので、ぜひもっておいてほしい1本。私も口中に直接吹きかけるスプレータイプを、外出時に携帯しています。ほかにストックボトルに入ったタイプ、クリームタイプがあります。クリームタイプはワンちゃんの場合、耳の内側(毛のない部分)に塗ってあげるといいですよ。私はたまに自分の手にクリームを塗ってから『イヌなで』しています。

たとえば病院に行くのがキライなコには、病院に行く前後にリカバリーレメディを。車に乗るのが苦手なコには、車に乗る前、乗ったあとに。お留守番でペットホテルに預けられるのが苦手なコの場合には、ホテルに預ける前に与え、ホテルのスタッフに「落ち着かなかったら、これを使ってください」とリカバリーレメディごとお渡しするといいと思います。

リカバリーレメディは万能でたいへん便利なものですが、これ1本では足りないコもいます。そういうコには70ページから71ページの要領で、困っているテーマに対するトリートメントボトルをつくり、飲んでもらうことをおススメします。

ワンちゃんによくある問題行動におススメのフラワーレメディを紹介します

ウチのコレメディ例

怖がりさんでよく吠える

ワンちゃんたちが怖がるものは、いくつかあります。代表的なのが、ほかのイヌ（特定の犬種）、ヒト、音、もの（車）、雷、花火など。

ワンちゃんが怖がっているものが明らかな場合は、20番の「ミムラス」。パニックを起こすほど強い恐怖を感じている場合は、26番の「ロックローズ」。何が怖いかわからない場合は、2番の「アスペン」をメインに選びます。トラウマになっている場合は、29番の「スターオブベツレヘム」も加えてあげて。

ティアラは散歩中、近所の子どもさんに「かわいい〜！」と言われ、ワーッと寄ってこられた経験から、子どもが苦手になっていました。そこで「ミムラス」と「スターオブベツレヘム」を飲ませたところ、子どもさんが近寄ってきても怖がったり逃げたりせず、さわられても平気になりました！

ムダ吠えが多い

文句を言うように吠えるなら3番の「ビーチ」、縄張り意識が強くて吠えるなら32番の「バイン」、怖くて吠えているなら20番の「ミムラス」を使います。

わが家では、ゾーイが突然夜遅く吠えるようになったことがありました。理由がわからなかったので、吠えるたびにリカバリーレメディを与えると、やがておとなしくなり、寝てくれました。

分離不安

特定の飼い主さんの愛情が欲しくて離れられない場合は、8番の「チコリー」。特定の飼い主さんのことが心配でたまらず離れられない場合は、25番の「レッドチェストナット」を使います。

ヒトでいえば、前者は「他人にいろいろしてあげて、見返りがないとイラっとする」タイプ。後者は「特定の誰かが心配で、ついつい何度も電話やメールをしてしまうタイプ」です。どちらかわからない場合は、両方いっしょに飲ませてください。

やきもちやき

多頭飼いや、新しい家族（赤ちゃんなど）が増えたときは、やきもちやき対策に15番の「ホリー」、引っ越しや飼い主が変わるなど環境の変化に適応できないコには、33番の「ウォルナット」を基本に、ほかのエッセンスもプラスしてあげてください。

車酔い

車に乗ること自体を怖がる場合は、20番の「ミムラス」、車に乗ると何が起こるかわからなくて怖がっているような場合は、2番の「アスペン」、おそらく車に揺られるのがキライなんだろうなと思われる場合は28番の「スクレランサス」を使います。車に乗る前にリカバリーレメディを飲ませてもいいですね。

車から降りたあと、できればマッサージでいやしてあげましょう。

幼犬、シニア犬

幼犬を新しい環境に慣れさせたいときは、33番の「ウォルナット」、しつけを早く覚えさせたいときは7番の「チェストナットバッド」。

シニア犬にエネルギーを与えたいときは23番の「オリーブ」、昔はできた何かができなくなったときは、16番の「ハニーサックル」、何かの変化に適応できない場合は、33番の「ウォルナット」を。

ペットロス

多頭飼いのおうちで1匹が亡くなったとき、ほかのコがあと追いしてしまう悲しいケースが時々あります。そんなときは、ほかのコに16番「ハニーサックル」、29番「スターオブベツレヘム」、33番「ウォルナット」を飲ませてあげてください。

また、飼い主さんが「もっと何かしてあげられたんじゃないか」と自分を責めてしまい思い悩む場合は、24番の「パイン」を飼い主さん自身が飲んでくださいね。

ワンちゃんに使えるフラワーレメディ39種

レメディ名／こんな状態のワンちゃんに！

1　アグリモニー
ひとなつっこく明るく陽気。具合が悪くても明るく振るまう。

2　アスペン
原因不明の何かにおびえたり吠えたりして、落ち着かない。

3　ビーチ
自分のキライなことは頑として受け入れない。批判的で不寛容。

4　セントーリー
やさしく、自己主張ができない。周囲にいいように扱われがち。

5　セラトー
自発的に行動しない。まわりの指示待ち。

6　チェリープラム
コントロールを失い、自傷行為をしたり暴れたりする。

7　チェストナットバッド
同じ失敗をくり返し、しつけをしても覚えない。

8　チコリー
特定の対象や飼い主に甘え、関心を引こうとする。分離不安。

9　クレマチス
心ここにあらず。ぼーっとしている。いつも眠そう。

10　クラブアップル
神経質。異常にからだなどをなめまくる。潔癖症。

11　エルム
与えられた仕事を負担に感じている母犬や職業犬に。

12　ゲンチアナ
何か理由があって、がっかりしている。

13　ゴース
ふさぎ込んで元気がない。絶望感。しっぽや耳、顔の表情に元気がないとき。

14　ヘザー
寂しがりや。誰かれ構わず注意を引こうとして騒ぐ。

15　ホリー
周囲へのやきもちや敵意から、攻撃的、あるいは不機嫌になる。

16　ハニーサックル
前のほうがよかったと過去を懐かしむ。新しい環境になじみにくい。

17　ホーンビーム
疲れていないのに、やる気がなさそう。要健康診断。

18　インパチェンス
短気で様々なことを待ちきれない。イライラして見える。

19　ラーチ
自信がもてない。しつけや訓練時などで自信がなさそうなとき。

20　ミムラス
怖がりで神経質。病院、ヒト、車、花火、地震など特定の何かに恐れを抱く。

21　マスタード
理由が見当たらないのに元気や食欲がない。憂鬱。要健康診断。

22　オーク
疲れていても頑張りすぎてしまい限界を超えてムリをする。

23　オリーブ
病中、病後、手術、出産、過労など心身ともに疲労こんぱい。

24　パイン
罪悪感を覚え、自分を責めているようなとき。

25　レッドチェストナット
大切なヒトや家族の安全を過度に心配する。分離不安。

26　ロックローズ
極度の恐怖からパニックに。震え、凍りつくなど硬直状態。

27　ロックウォーター
食事や散歩時間など習慣を変えたくない。頑固。

28　スクレランサス
気まぐれで迷いがち。乗り物酔いをしやすい。

29　スターオブベツレヘム
事故などショックな出来事から回復できていない。トラウマがある。

30　スイートチェストナット
極度の苦痛やショックから絶望感を抱えている。

31　バーベイン
活発で興奮しやすく、じっとしているのが苦手。エネルギーが高い。

32　パイン
まわりを服従させようと威《い》嚇《かく》したり攻撃したりする。ボス的な性格。

33　ウォルナット
転居、旅行、身体的、家族など、様々な変化に適応しづらい。

34　ウォーターバイオレット
1匹でいることを好む。一匹狼的性格。

35　ホワイトチェストナット
不安そうで落ち着きがなく、うろうろしたり鳴いたり落ち着かない。

36　ワイルドオート
仕事を引退したなどで、新しい生活を楽しめない、戸惑っている。

37　ワイルドローズ
無気力無関心。飼い主にとっては扱いやすいかも。しかし要健康診断。

38　ウィロウ
すねてしょんぼり。恨めしそうにする、不機嫌。

(39)　リカバリーレメディ
ストレスや緊張が強いとき。ショック状態、事故にあったときなど。

参考文献：
白石由利奈 著
『バッチ フラワー BOOK 38種＊
花のエッセンスが心をいやす』（小学館）

新しいママにイヌなでをしてもらって、ハッピー

イヌなで

わが家の Happy Story 4

10人の飼い主さんが語る「イヌなで効果」

ママ 山崎亜子さん 愛犬 すももちゃん

私が保護犬の預かりボランティアを始め、最初に預かったイヌがすももでした。

すももは動物愛護センターに1年間いて、誰も預かりの手を挙げなかった、筋金入りのビビリ犬。おそらく野犬だったのでしょう。ヒトとのかかわりを全く知らない状態で、センターに引き取られてきました。ヒトがケージに近づくたび、いつも背を向け、「ヒトには絶対になつきません」とからだ全体で訴えていました。

預かって、2日目までは様子見。少しタッチするだけで、「さわらないで」とばかり、かみつこうとするんです。ごはんを置いても全く心を開く気配がなかったので、まずは落ち着かせようと思いました。

3日目から少しずつ、『イヌなで』をしてみました。そこで初めて、オシッコが出たんですよ。4日目にすももと私、ふたりでフラワーレメディ（part6参照）を始めました。azi先生に「ふたり（ひとりと1匹）が共鳴することによって、いい効果が表れるので、飼い主さんもいっしょに飲んでください」とアドバイスされたためです。

すももははじめ、いつも後ろを向いて座り、私にほとんど顔を見せてくれませんでした。だから、背中を上から下まで流すように〝なでなで〟。それを何日か続けるうち、横になっておなかをさわらせてくれるようになりました。すもものからだの力が、だんだん抜けてきているのがわかりました。そして、ついにはあお向けでおなかを〝なでなで〟させてくれたのです。「やっと私のことを信頼してくれたんだな」と思いました。

すももちゃん

雑種の女のコ、推定4才。極端なビビリ犬から、明るく賢い女のコに変身！ 里親さん宅のお兄ちゃん（右）とは本当のきょうだいのよう。

保護犬のおなかに手を当て、つらかった彼女の人生に共鳴。ポロポロ涙がこぼれ落ちました。

動物愛護センターでのすももちゃん。

そのとき彼女のおなかに手を当てながら、ふと「このコの気持ちを感じてみよう」と思いました。すると「すごくつらかったよ」というすももの気持ちが、私の手を通して伝わってきたのです。私の目から、ポロポロ涙がこぼれ落ちました。あれは、私の「すももがかわいそう」という同情の涙ではなく、すもも自身の涙だったと思います。そのときから、すももと本当に仲よくなれました。

あとでazi先生にお会いしたとき、流すようにやっていたなで方をはじめ「いろいろ間違っているよ」と言われました（笑）。でも、「一番大切なところは伝わっていたから、よかった」と言っていただき、ホッとしました。

愛犬にマッサージするとき、みなさん「このコを気持ちよくしてあげよう」「ここがこっているから、ほぐしてあげよう」と強い気持ちをもって、からだにふれていると思います。私もazi先生に教わらなければ、そうだったはず。でも、そういった強い気持ちが入ると、特に保護犬には拒絶されることが多いんです。自分の気持ち——ともすればエゴを押しつけるのではなく、マッサージを通して「このコを感じてあげる」のが、azi先生の『イヌなで』。教わっておいてよかったな、と心から思います。

すももは極度のビビリ犬ですが、『イヌなで』とトレーニングでその殻を破ってあげたら、実はとても明るいワンちゃんなのだとわかりました。無事里親さんも見つかり、今はそのお宅のお子さんとも本当のきょうだいのように仲よく、幸せに暮らしています。

私の元を卒業するとき、友人のアニマルコミュニケーター（動物の気持ちを飼い主に伝えてくれる人）が、「このコ、〝亜子さんの手が大好きだった〟って言ってるよ」と教えてくれました。また、涙がこぼれそうになりましたね（笑）。

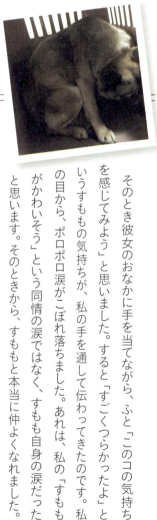

わが家の

イヌなで Happy Story 5

10人の飼い主さんが語る
「イヌなで効果」

ママ コアママさん 愛犬 テンちゃん、愛犬 コアくん、愛犬 リノちゃん

お散歩は1匹ずつ行なっています。

今年13才になる愛犬・テンの腰がぼちぼち悪くなり、「何かケアをしてあげられたらな」と思ったこと、そのムスメで5才のリノのビビりが「もしかして改善できないかな」と思ったのが、『イヌなで』のセミナーに出かけたきっかけでした。

とはいえシェパード母子は飼い主には従順でも、初対面のヒトやイヌはちょっと苦手。セミナー当日は、一番安全パイ（笑）のコアを連れていきました。コアはどんな場所でもどこをさわられても大丈夫なタイプ。案の定、『イヌなで』をしていくうち、みるみる気持ちよさそうになり、ついにはブーブーいびきをかきながら眠ってしまいました。

家に帰って、今度はテンの『イヌなで』にチャレンジ。このコはコアと違って、「あ、そこそこ」と気持ちいいポイントがわかる顔なので、顔を見て様子をうかがいながら、力加減など変えていきました。

散歩のあと、『イヌなで』をしてから寝ると、翌日は足を引きずらず、快調に歩けるんですよ。春先や寒い時期は、あずきの温熱ピローで腰を温めてあげるといいことも、先生に教わりました。とても気持ちよさそうです。

リノには『イヌなで』の前に、フラワーレメディを使いました。最初は、わが家の『イヌなで』の合図「モミモミ」という言葉を覚えさせるため、「はい、モミモミね」とか言いながら、ほんの少しからだをさわる程度。少しず

大物・コアくんもうっとり……。

コアくん（中央）

フレンチブルドッグの男のコ、8才。いつもボーっとしている感じだけど、初めてのヒトや物ごとにも動じない大物くん。

リノちゃん（左）

ジャーマンシェパードの女のコ、5才。家の中ではとてもお利口さんなのに、外ではビビって吠えてしまうのが悩みのタネだった。

テンちゃん（右）

ジャーマンシェパードの女のコ、13才。「テン」は「天」の意味を込めてつけられた。リノちゃんのお母さん犬。2018年8月永眠。

“ビビりのムスメ”が『イヌなで』とフラワーレメディで心を開き変身中！みんなと同じことができるようになりました。

つ〝モミモミ〟の場所を増やしながら毎日くり返していくうち、**2週間ほど経ったころには自分からゴロンと横になり、「やってくれ」と言うようになりました。**今ではもう、おなかを見せて気持ちよさそうに〝モミモミ〟されています。

さて肝心の、リノのビビりについてです。彼女は非常に繊細で、ちょっとした物音にもビクッとするし、よそのワンちゃんを見ると怖くて先に吠えてしまいます。この部分だけは、フラワーレメディと『イヌなで』を始めて2か月あまり経った今も、まだ改善していません。ただ、確実に変わったところはあります。**まず、ビビり改善のトレーニングを入れやすくなったこと。そして、ほかの2匹と同じ行動ができるようになったこと。**

テンとコアがベランダで日なたぼっこしていても、いつもリノだけ日かげにいたんです。「リノも日なたぼっこしなよ」と言っても、「いや、私はいい」という感じ。**ところが、フラワーレメディを始めて1か月も経たないうちに、ほかのコといっしょになって日なたぼっこを始めたんです。**それに気づいたとき、「え、ウソでしょ？」と思わず二度見しましたよ（笑）。どこか心を開いて、少しはリラックスできる場所が増えてきたのかな、と思います。

わが家のイヌたちは、お留守番も多く、お散歩以外ではなかなか1匹ずつコミュニケーションを取る時間がありませんでした。でも『イヌなで』を始めてから、1匹ずつとゆっくりふれ合い、おしゃべりをする時間をもつことができた。「忙しいから、できない」と思ってきたことが、実はそうじゃないとわかり、私自身にとっても楽しく、リラックスした時間をつくることができました。愛犬たちの気持ちよさそうな顔を見ながら、「なんかいいねえ、君たちは」とちょっとうらやましくも思いつつ、毎晩『イヌなで』をしています。

イヌなで

わが家の Happy Story ❻

10人の飼い主さんが語る
「イヌなで効果」

ティダちゃんと、在りし日のサムくん（左）。

ママ ヒッポさん 愛犬 サムくん、愛犬 ティダちゃん、愛犬 いじゃくん

愛犬・サムが14才になるころだったと思います。足元がヨレヨレになってきたので、たまたまラジオで耳にしたazi先生のセミナーに参加しました。このままでは筋肉が落ちて、早く寝たきりになってしまうかもしれない。セミナーではそんな相談をしました。azi先生に「後ろ足がこっているので、おうちでこんなふうにマッサージしてください」とレクチャーを受けて帰りました。

そうしたら、なんとその日の夕方の散歩で、サムが走ったんです！ うれしくなって、aziさんに「サムが走った！」とメールを送ってしまいました（笑）。

『イヌなで』で散歩がしっかりできるようになるとともに、サムの筋肉も戻ってきました。足元がヨレていた以外は、病気らしい病気をしたこともなかったコ。まわりにも、「目指せ20才！」と言われていました。

サムが虹の橋を渡ったのは、18才10か月。その2週間前まで散歩にも行き、自力でトイレもしていました。寝たきりになってからの2週間は疲れないよう、短い時間で何回かにわけ、なでてあげました。**サムは『イヌなで』すると、いつも気持ちよさそうに寝てしまうんです。**このときも、そうでした。

15才2か月になっても走るサムくん。

いじゃくん
ミニチュアダックスフントの男のコ、10才。大のパパっコで、ヒッポさんいわく「気持ち悪いくらい主人にベッタリ（笑）」。

サムくん
ミニチュアダックスフントの男のコ。『イヌなで』で気持ちいいとすぐ寝てしまうおじいちゃん犬だった。2016年7月永眠。

ティダちゃん
ミニチュアダックスフントの女のコ、13才。おてんばさんで、サムくんと散歩していると羊を追い立てる牧羊犬のようだった。

ヨレヨレだったコが『イヌなで』で走った！ そして18才10か月まで幸せで、濃密な時間を過ごすことができました。

サムが亡くなってしばらくは、ティダも私も、いつもの散歩コースを歩けなくなりました。そして四十九日を過ぎてから、保護犬のいじゃを家に迎えました。「サムに似た子が里親さんを募集しているよ」と知人に聞いて、引き取りを決めたコです。

このコは、いわゆる飼育放棄犬。5年くらい外に出たこともほとんどないコでした。ヒトとのふれ合いもしてこなかったため、今も好奇心が勝っているのか、ひとまずさわらせてはくれます。

ティダのほうは今もまだまだヤンチャで、なかなかじっとしていてくれないですね。だからひざの上に乗ってきたときや、寝ているときが『イヌなで』のタイミング。最初はリカバリーレメディも使いました。このコは腰がこっているので、腰や後ろ足を中心になでたり温めたりしています。ティダは感情表現も豊か。気持ちのいいときはトロンとしてくるし、痛いと私たちのほうをジロッと見て手や足をペシペシ蹴飛ばしてきます。

それにしても、『イヌなで』を始める前は、〝イヌにマッサージ〟なんて考えたこともありませんでした。もちろんイヌのほうからこっちに来れば、抱っこもするし、なでてもあげていましたよ。そうではなく、向こうから来なくてもこちらから行って、愛犬たちとゆっくり向き合う。そんな時間が、『イヌなで』で増えました。今では「今日はここがかたいな」とか「いつもとここが違うような気がする」と、イヌの変化を〝手が覚えている〟感じです。

サムがおじいちゃんになってから始めて、あれだけ効果があったのですから、ターミナルケアではなくもっと早い段階で『イヌなで』を始めれば、愛犬たちとの楽しい時間はもっと長くなるのではないか。そう期待して、残る2匹に今、接しています。寝たきりの時間はなるべく少なく、最後まで自分の足で歩けるのが、このコたちにとっても幸せでしょうから。

イヌなで

わが家の

Happy Story 7

10人の飼い主さんが語る

「イヌなで効果」

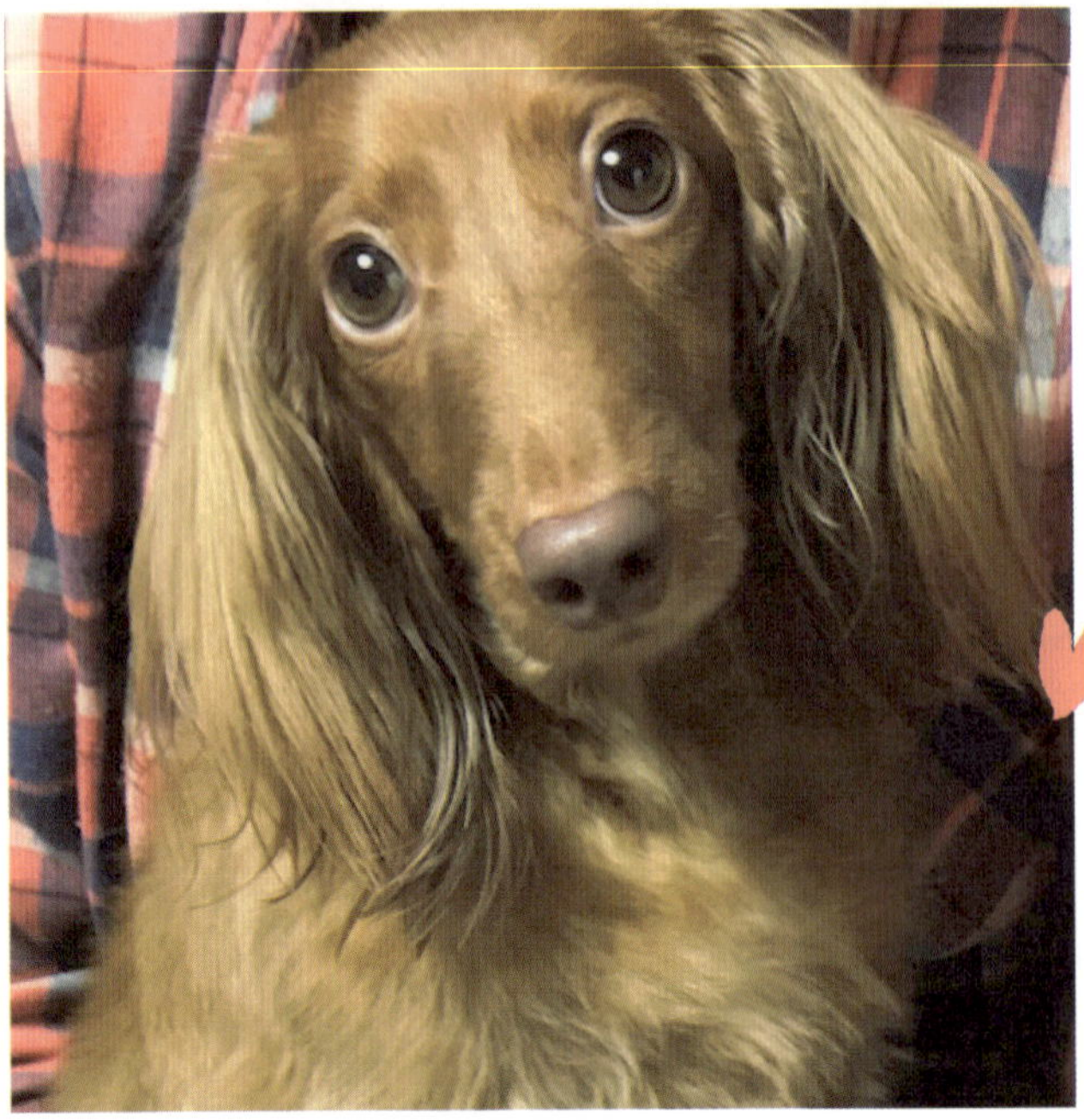

今ではふたりのお嬢さんを相棒と思っている？

ママ チップママさん
愛犬 チップくん

わが家の次女は、イヌが大好き。ずっとイヌを飼いたくて飼いたくてしょうがなく、ついに小学3年生のクリスマスプレゼントとして、念願のミニチュアダックスフントを迎えることになりました。

ペットショップには、当時小学5年生だった長女も同行し、抱っこまでしていたんですよ。ところが家に帰り、ケージに入れて数日後。いざチップをケージから出すと、長女の様子がおかしいんです。「怖いから、出さないで」──ただ「足元にいるのが怖い」と言うから、困ってしまいました。

あとで長女に聞くと、「まさか（ケージの外に）出すとは思わなかった」。家でも動物園のように、オリの外からイヌを見ているイメージを彼女なりにもっていたそうです。「えっ？　それはないでしょう」と少しもめましたが、怖いことには変わりなく、長女が家にいる間、チップはケージにほぼ入れっぱなしの状態になってしまいました。

当然、チップは外に出たい。はじめは「出して」とばかりクンクン、キューキュー。次第に「なんで出してくれないんだ!?」と、大きな声で吠えるようになりました。仕事が休みで私が家にいる間は、外に出してあげればおとなしくしているんです。長女が学校から帰ってくると、まず長女が玄関で「出てる？　出てる？」と聞き、「今出てるから、ちょっと待ってて」とチップをケージに入れ、娘が部屋に入ってくる。長女が2階にいて、「しばらく降りてこないからいいだろう」とチップをケージから出したところに何も知らずに長女が降りてきて、走って逃げると、チップが歯をむき出し、ワンワン吠えながら追いかける。そんな状態がずっと続いていました。

チップくん

ミニチュアダックスフントの男のコ、2才。ママが大好きで、ママがいないと玄関でずーっと待ってる甘えん坊さんです。

娘がイヌを怖がり、家族全員がイライラ。『イヌなで』とフラワーレメディでわが家の雰囲気が180度変わりました。

そのうち、次女は「お姉ちゃんが家にいると、チップがかわいそう」と文句を言って姉妹ゲンカを始める、主人は何も知らないで「チップうるさい」と怒る。私はチップの気持ちもわかるし、少し長女への腹立たしさも加わって、家の中でみんながそれぞれ、イライラし始めました。

せめてケージの外にいる間だけでも、チップをいやしてあげたい。そして、なんとか長女といい関係を築いてほしい。でもどうしていいかわからず、ネットで調べてたどり着いた先が、azi先生のところでした。

問題の根が〝気持ち〟の部分にあることもあり、まずは長女とチップにフラワーレメディを使うところからスタートしました。長女にはエッセンスをこっそり、飲み物の中に入れてみました。すると1か月もしないうちに、「ちょっとチップをさわってみようかな」というところから始まり、「抱っこしていい?」。やがては「散歩に行きたい」と、自分から私や次女といっしょに出かけるようになりました。

チップもフラワーレメディと『イヌなで』で、ずいぶん落ち着きましたね。ケージから出されたところに長女がいても、長女がゆっくり歩けば追いかけることもなくなりました。今では長女も『イヌなで』に興味が出てきたようで、私のマネをしてチップの好きなおなかや肩をなでてあげています。

今はすっかり、私たち家族もチップが来る前の状態に戻りました。正確にいうと、それに加えてチップにみんながいやされていますから、これまで以上にいい状態になっていますね。イヌがいると、家の中の雰囲気が180度変わる。そこに今、幸せを感じています。

肩とおなかのなでなでがだーい好き!

イヌなで

わが家の Happy Story 8

10人の飼い主さんが語る「イヌなで効果」

お出かけもごはんも大好きだったぽぉちゃん。

ママ ぺえさん・愛犬 ぽおちゃん、愛犬 ろっぽちゃん

イヌの仕事を通して知り合ったaｚｉ先生に、14才になった愛犬ぽぉへの『イヌなで』をお願いしました。筋肉が弱り、過度な運動ができなかったぽぉの血の巡りをよくし、こりを解消することと、リラクゼーションがその目的。aｚｉさんにふれていただいたとたん、ぽぉときたらすでにトローン……。トロけるように、眠りに落ちてしまいました。

その後間もなく、ぽぉの乳がんが発覚しました。やがて意識がもうろうとし、寝たきりに。乳がんが自壊し、ヒフを突き破っておなかに穴が空いたような状態です。しかし、それを切ると逆にがんが全身に広がってしまう、悪性度の高いがんでした。本当は入院が必要でしたが、最後が看取れないのはイヤだったので、自宅で介護することにしました。

ぽぉは鼻水がたまり、鼻で息がしづらいようで、ブーブー音を立てて苦しそう。かといって、口を開けてハーハー息をする元気もありません。つらくて眠りたいのに眠れない。痛み止めを飲み、必死に目をつぶっても、数秒で目が開いてしまうんです。

aｚｉ先生に家に来てもらい、相談して鼻の気道をなでていただきました。すると老廃物が出てきて、鼻通りがよくなりました。ほかにも、「わきばらに手を当ててあげるだけでいいから」とか、いろいろ教わりましたね。ちょっと鼻が詰まると、すぐなでてあげる。息がしやすくなり、ぽぉもやっとゆっくり眠れるようになりました。

ヒトもイヌも、睡眠が大事なんですね。8月に具合が悪くなり、寝たきりで1か月以上もごはんが食べられない、飲み物も自分で摂れなかったぽ

ろっぽちゃん

ボーダーコリーの女のコ、1才。初セミナーでは遊びたくてしょうがなく、両隣のコにちょっかいばかり出していた。

ぽぉちゃん

ボーダーコリーの女のコ。2017年4月、15才で永眠。ぺぇさんの仕事のよきパートナーでもあった。

寝たきりのコが“鼻なで”で延命。“手当て”という言葉の本当の意味が改めてわかりました。

ぉが、ゆっくり眠れるようになったことで、おなかの穴がふさがり、翌年の4月まで延命できたんです。ちょっと落ち着いたら、自分で立ち上がってトイレに行き、ごはんも自発的に摂れるようになりました。**azi先生の『イヌなで』のおかげで、一度は諦めかけたコが15才の誕生日を迎えてから、お見送りをすることができました。**ぽぉも幸せだったと思います。

私自身も『イヌなで』に魅せられ、半年後に迎えた保護犬のろっぽには、自分でやってあげられるようになろう、と思いました。azi先生の『イヌなで』は、「まず人間が落ち着け」というところから始まる。だけど私はせっかちで、〝くるくる〟で「ゆっくり円をえがいてください」というときの「ゆっくり」が、私とazi先生とでは速度が違うんです。私の『イヌなで』したい気持ちが勝ってはいけないんだなと思いました。

だから、私自身リラックスしているとき、そしてろっぽが『イヌなで』を求めて私のひざの上やベッドの上に自分から乗ってきたときが、一番のタイミング。なでなで、くるくるしながら、いっしょに寝落ちしています（笑）。

『イヌなで』と出合って、改めて「手当て」という言葉の本当の意味を知りました。**ヒトの手の温もりが、いかにイヌに安心感を与えるか。**イヌって、生まれたばかりのときは目も耳も、鼻も利かない。だけどふれられている感触、温もりだけはわかるんです。そしてシニアになり、耳が遠くなったり、白内障で目が見えなくなったりしても、最後まで残るのがやはり触感。

そういった意味でも、『イヌなで』を飼い主さんが知識としてもっていれば、素敵なシニアライフを送り、最後まで付き添ってお見送りできるのではないかと思うんです。

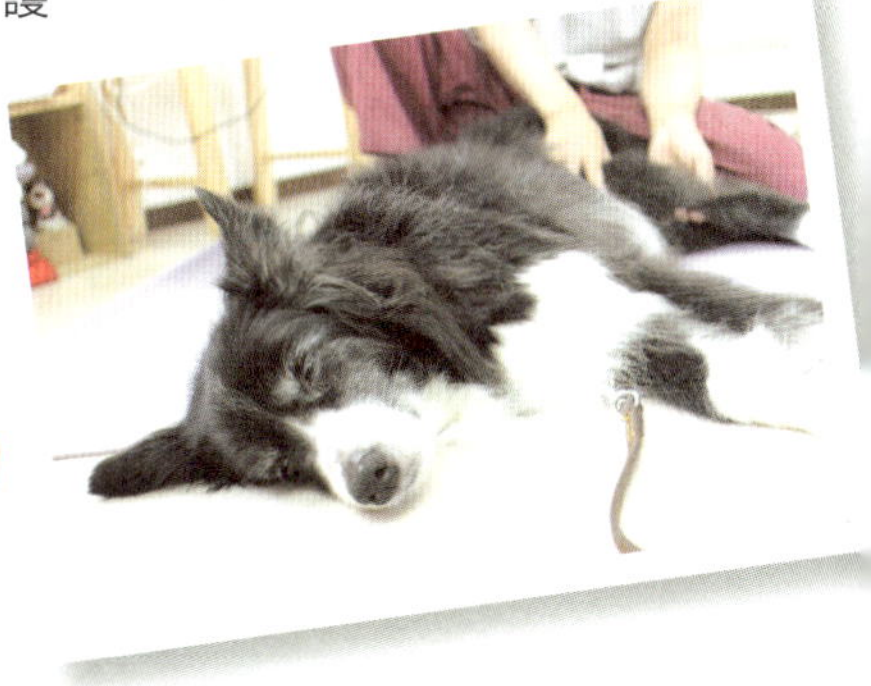

azi先生のなでなで、気持ちいいね～。

わが家の

イヌなで Happy Story 9

10人の飼い主さんが語る
「イヌなで効果」

体育会系姉妹（!?）です。

ママ 廣瀬亜紀さん
愛犬 ベルジェちゃん、愛犬 ラブちゃん

ラブは生まれてから半年間、ペットショップの姉妹店を転々としていたコ。股関節がゆるく、食事も満足に与えられていなかったのか、筋肉のない、ガリガリのからだでした。気の毒になって家に連れ帰り、少し経ったころ、股関節が外れていることがわかりました。

片側の骨頭手術をし、あとは筋肉をつけ、その筋肉でからだを支えていく治療方法を選択。水の中のほうが負担も軽減され、筋力が早くつくと聞き、水難救助のトレーニングを取り入れました。

その後、陸上のトレーニングを始め、『イヌなで』とフラワーレメディを併用。『イヌなで』はトレーニングで筋肉疲労などしたときに、その場のケアとしても使えるし、夜、寝る前のセラピー的な感じでも使えることがわかりました。ラブの場合は股関節に問題があるので、下半身の疲れやすい場所、筋肉の張りやすい前足など、〝なでなで〟と〝くるくる〟を中心にしています。

やがて、足のまわりにとてもきれいな筋肉がつき始めました。骨頭手術でカットした骨頭にも、骨が再生しました。今では筋肉ムキムキで、「上から見ても、横から見ても、筋肉ばかりだね」と言われるほど（笑）。おかげさまで2017年、水難救助の全国大会で、オープンクラスの銀賞をもらっ

こんなにたくましくなりました!

ラブちゃん

ラブラドールレトリーバーの女のコ、5才。生後6か月で家に来たとき体重10キロだったが、今や27キロの筋肉質なからだに。

ベルジェちゃん

プードルの女のコ、8才。こんなにかわいいけれど、水難救助のトレーニングも受けている強い女子です！

股関節が外れ、筋肉のなかったコが手術と『イヌなで』でマッチョな水難救助犬に。お姉ちゃん犬も私自身も変わりました。

てきました。股関節が両方外れている子の入賞は、ラブで2匹目だそうです。

ラブは『イヌなで』がすごく合ったようで、座ったまま、お尻をずりずり私にすり寄せてきて、「なあに?」と聞くと、「なでなでしてくれるんだよね」という感じで、さらにすりすり（笑）。「ここ、張ってるね」と『イヌなで』してあげると、「そこそこ、ママ、もうちょっとやって」とばかり、自分から私に寄ってくるんです。それで、さらにやってあげると、ニコニコしている。今では『イヌなで』をしないと寝られないほどなんですよ。

一方、お姉ちゃん犬のベルジェは、3・11を機に性格が大きく変わったコ。最初ウチに来たときは、本当に明るく、気立てのいい子だったんです。ところが震災以降、不安症がひどくなり、対人関係、特に子どもさんが苦手になりました。そのピリピリした性格が『イヌなで』でかなり軽減され、硬直していたヒフも、やわらかく伸びるようになったんです。フラワーレメディも併用したためか、子どもが手を出しても、今では全くなんともありません。

思えば私は、ベルジェのからだを鍛えるトレーニングに集中しすぎて、彼女がリラックスする場を設けてあげていなかった。イヌ対イヌでケンカをするのも、妹（ラブ）を守るため。ともすれば、家族の多いわが家の長を一生懸命、務めてくれていたのかなと思います。それが、ママに甘えていいんだとわかったのでしょう。リラックスする場を与えてあげたら、「ベルジェは凶暴だよ」と言われていたのが、誰からも本当に好かれるコに変わりました。

そして私自身、『イヌなで』で変わりました。ラブたちが穏やかになることによって、その波動をもらったのか、私自身、終始穏やかで自然体でいられる。睡眠の質もよくなったし、社交的になり、いろいろなことに意欲的に挑戦できるようになりました。ヒフの状態も顔色も、よくなったんですよ。イヌたちとともに、私自身の心もからだも変わったのかなと思います。

イヌなで

わが家の Happy Story ⑩

10人の飼い主さんが語る
「イヌなで効果」

『イヌなで』で笑顔が増えた！

ママ クルミママさん　愛犬 クルミちゃん

クルミは3才半のとき膀胱結石で手術をして、その後ずっとごはんは療養食。そのせいか食にあまり興味がなく、ガリガリでした。手術後、月に1回の尿検査でも異常な数値が出るなどしたため、抗生剤を使ったり、ステロイドを使ったり。ヒフのトラブルも絶えませんでした。

私自身、クルミを薬漬けにしているのが気になっていて、「何かできることがないかな」と探していたとき、azi先生の『イヌなで』と出合い、セミナーに参加しました。

セミナーではストレスについて、また自分との向き合い方についても考えました。先生に言われたのは、「自分が落ち込んでいるとか、ストレスを抱えているとき、すごく疲れているときは、そういうエネルギーがすべて愛犬に伝わるから、やらないほうがいいよ」ということ。

私、先生に教わるまでずっと、クルミのことを〝私をいやしてくれる存在〟と思っていたんです。自分が落ち込んだり、疲れたりしたときに、「もう、クルミ聞いてよ」「クルミ助けて」って。するとクルミはいつもそばにいて、なめてくれたり、「大丈夫？」って顔をしてくれたり。「本当にいい子だね」とほめていたんですが、そういうときのクルミって、いつも困った表情をしていたんです。

「いつも、困った顔してるんだね、君は」――私、そう思っていました。でもazi先生の言葉を聞いて、「うわあっ」と思いましたね。私、今まで、自分のストレスを全部クルミにぶつけてきちゃった。クルミが困った表情をしていたのは、私のせいだったんです。

クルミちゃん

トイプードルの女のコ、10才。『イヌなで』を始めて、ママとたくさんおはなしをするようになりました。

「君はいつも困り顔をしているんだね」愛犬にその顔をさせていたのが自分だったと『イヌなで』で気づきました。

それから、クルミに対する声かけを変え、疲れているときは「クルミごめんね、今日はマッサージやめよう」と言って、あまりベタベタさわらないようにしました。

そうしたら、クルミの表情が変わったんです。すごく笑うようになった。「イヌは笑わない」っていいますが、やっぱりニコニコ、うれしそうな顔。それまではあまりしゃべらない――「ワン」とも言わないコだったのが、自分を表現するようになりました。おそらく私が、クルミとのかかわり方を変えたからでしょう。クルミも自分を出せるようになりました。まあもっぱら、いろんな〝催促〟なんですけどね（笑）。

一方で、以前は歯みがきや爪切りがキライで、そういうときだけは「ガウ」とイヤがっていたのが、今は怒らなくなりました。フラワーレメディも使いましたが、私がクルミとそうやって対話をするようになったことが理由のひとつではないかと思います。

病院も、自然療法主体のところに転院。ごはんもセミナーでほかの飼い主さんにうかがった、手づくり食に替えました。ヒフのかゆみは若干残っていますが、『イヌなで』やフラワーレメディでリラックスし、ストレスは減っているようです。尿検査には、全く引っかからなくなりました。

ａｚｉ先生や『イヌなで』との出合いが、今のクルミと私にとってのすべての始まり。私自身、ずっと「忙しい、忙しい」「時間がない」と思っていましたが、時間ってつくろうと思えばつくれるんだということも、ａｚｉ先生に教わりました。『イヌなで』だけでなく、自分との向き合い方――そういう一番大切な軸みたいなところも教わり、生活全体を見直す、いいきっかけになりました。ａｚｉ先生でよかったな、と思います。

ママのお気に入りの写真ばかりだよ！

aziさんの『イヌなで』を受けてくれたコ、
aziさんの『イヌなで』を学んでくださった方たちの愛犬たち大集合

Special Thanks 142なで！

ななちゃん&ももちゃん

Marine（ぽん）

ウォッカ（ちゃたろう）

ウェンくん

ちろちゃん

tenten

ラン君&マリオ君

cobo

ティアラ&ゾーイ

シェル、ライ&空歌

柴犬まる

フィオ&レガロ

ぷぅ

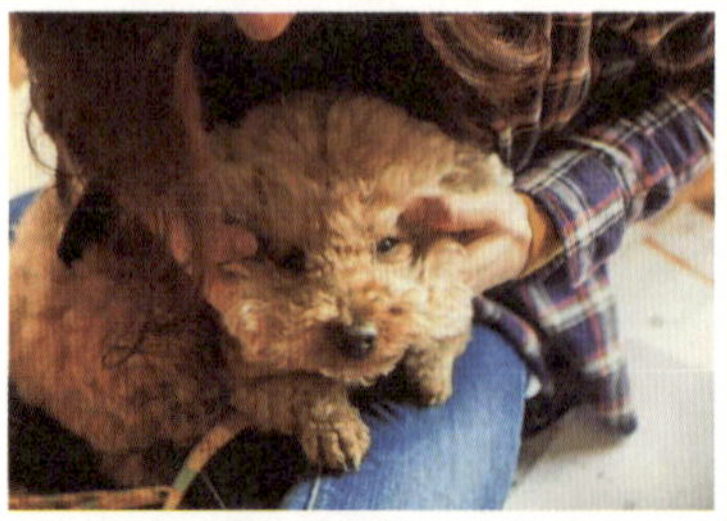

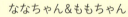

Dallin&Randy

メルモ

bambi

フィオリーナ

空太

ルル&いと

cute & Rei

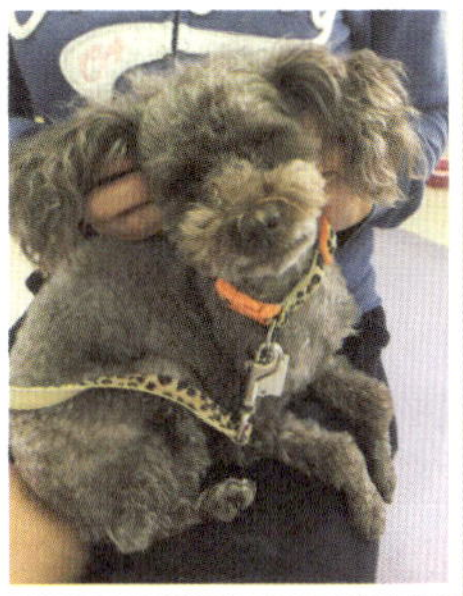

マハロ

シリウス

KOBIN

大谷凜

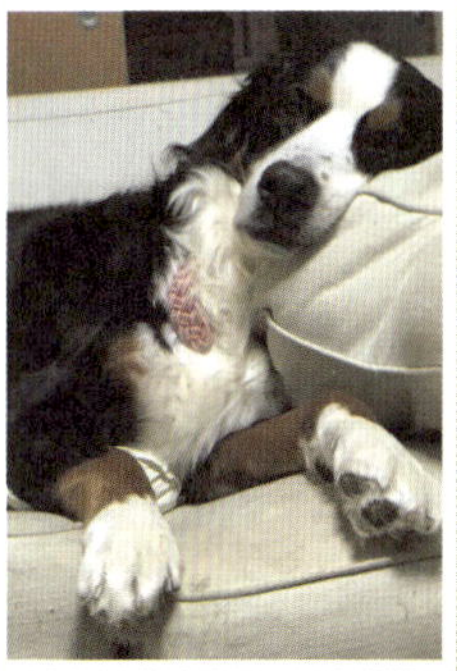

ヴェルデ爺さん

Lilly

ベル、エルサ、
シェリーメイ&アポロ

モカ&ルーク

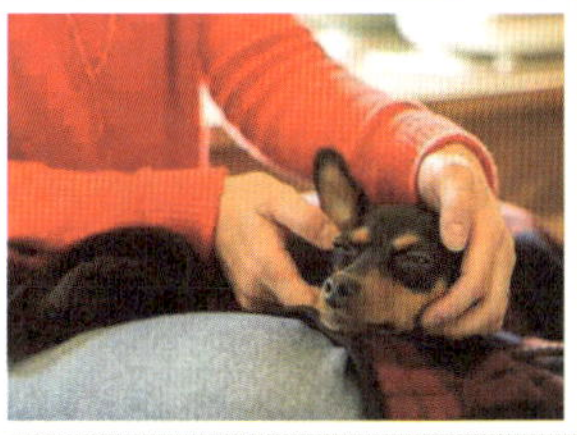

pippi

うぃる

ラリー

RENY

Leo

cocoro

Pepper

Lani & Lea

LUKE

Maya

Milky

じょい

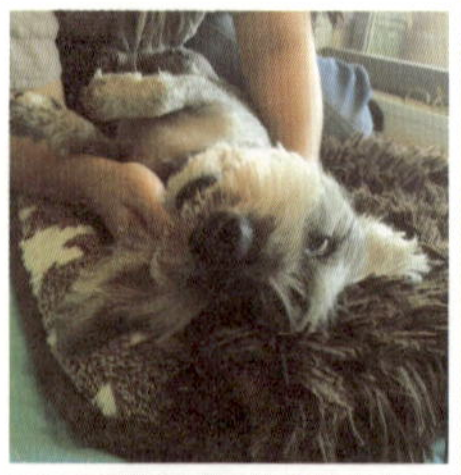

ここあ&ハニー

シュナン

アスラン&ムゥ

uri

クーちゃん

いじゃ&ティダ

late、choco,ice & sky

ショコラ&ラテ

アリス

エイト

谷サクラ

藤岡ケンシロウ

グミ

Chris

きな子

ガロン、るぅ&リーフ

ジュリエッタ

シュナ

茶丸

詩&寅

めい

ココア

はる

フク&カイ

凛

のん吉

フランソワーズ

みつば

城戸伝助

ジャッキー、ラッキー、リッキー、
ポッキー&あずき

ルナ

ミラン

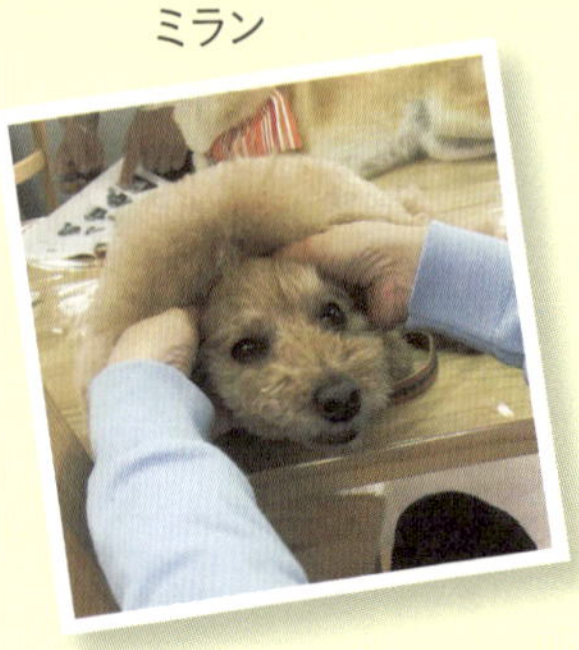

チャチャまる

kai

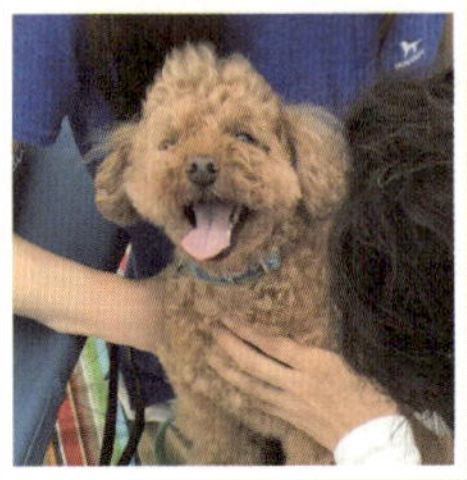

凛&天丸

ポト

田嶋もこ

モアナ

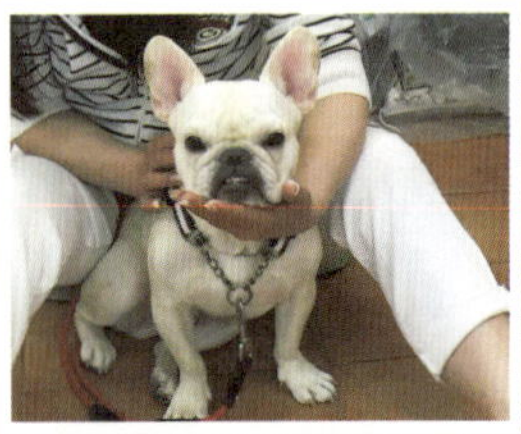

テオ

月（ウォル）

村上ちょこ ぱんな

僕はラズ♪

出井はる

ハリー

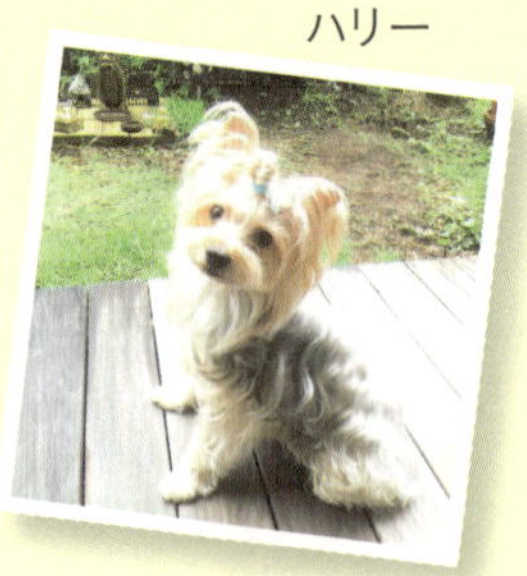

じんぺい

福&瑚子

こたろぅ

ミント

凛花

ハニー&くっきー

山岡モコ

もも

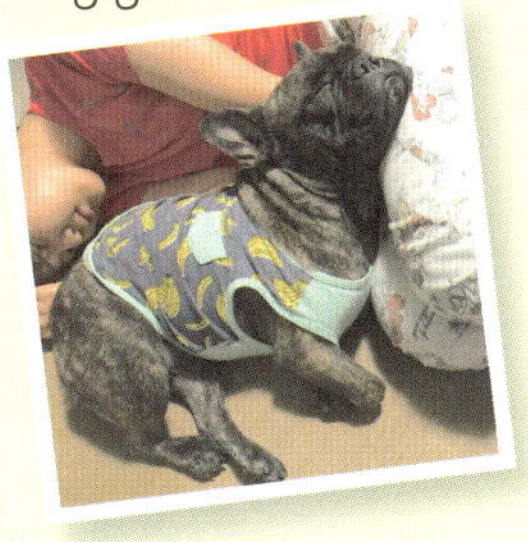

ラナちゃん

クリームとジャム

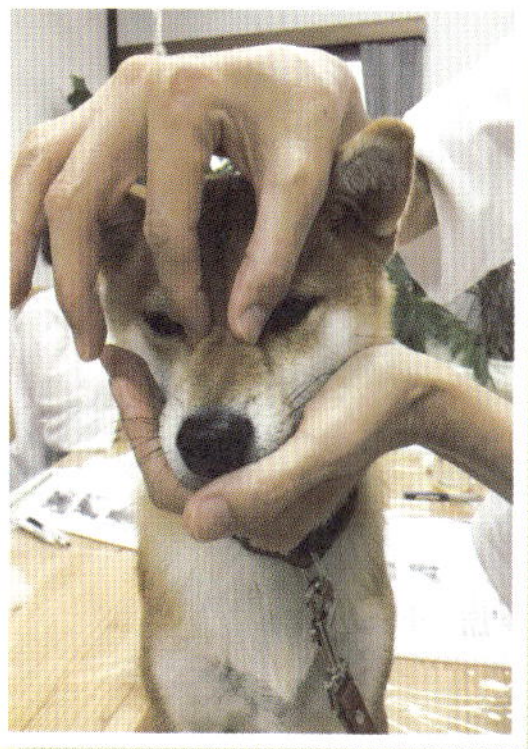

小渚（こなぎ）

ぺーやん

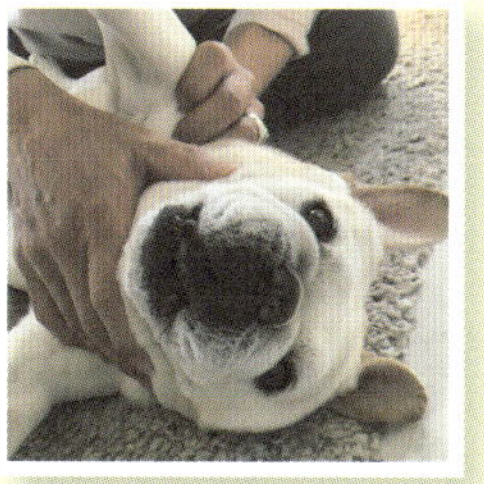

野原パリス

マヒナ

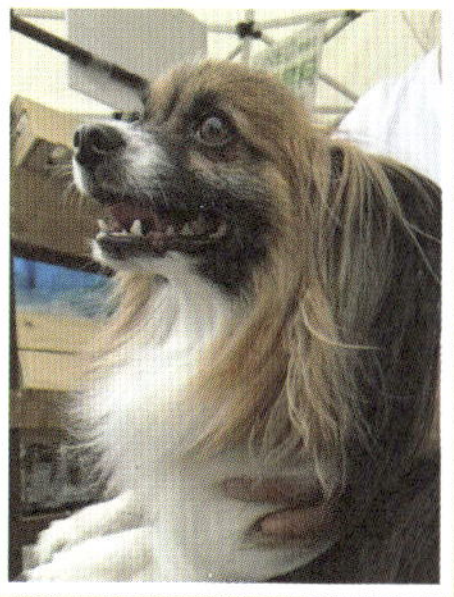

右京

ペンペン＆ポッキー

ひなた

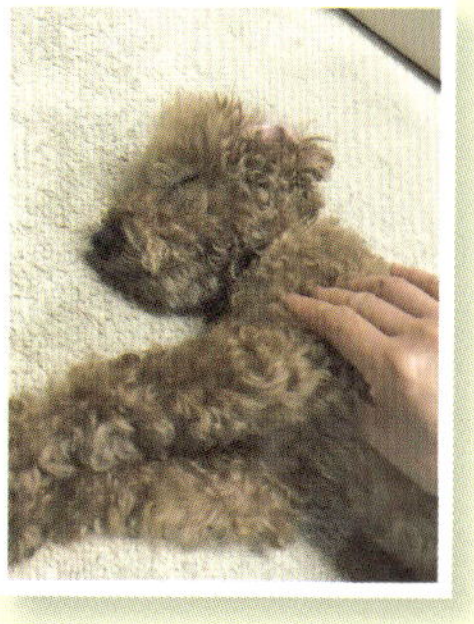

ラリ

空

ダダ

櫻貝

五右衛門

イヌなで本を手に取ってくださったあなた。
イヌなで本に協力してくださったみなさま。
aziのセミナーやセッションを受けてくださったみなさま。
aziをいつも応援してくださっている先輩や仲間たち。
いつもいつも協力して応援してくれている家族たち。
ほんとにほんとに、ありがとうございました!!!

azi

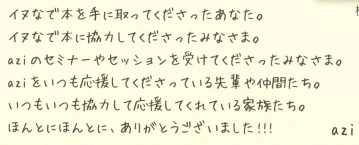

Staff

ブックデザイン●山川香愛（山川図案室）
構成・取材・文●前田恵
校閲●田中修
撮影●小倉雄一郎（小学館写真室）

イヌなで

aziさんの幸せになる犬マッサージ

2018年10月1日　初版第1刷発行
2024年3月2日　　　第3刷発行

著者	azi
発行者	石川和男
発行所	株式会社　小学館
	〒101-8001　東京都千代田区一ツ橋2-3-1
	電話　（編集）03-3230-5125
	（販売）03-5281-3555
印刷所	共同印刷株式会社
製本所	株式会社若林製本工場

ISBN978-4-09-310873-7

制作／高柳忠史・星一枝　販売／小菅さやか
宣伝／野中千織　編集／竹下亜紀

azi（あぢ）

2008年に犬のセラピーサロン『makana（まかな）』を開業、2015年より神奈川県横浜市内で主宰。ドッグマッサージの施術および指導を行なう、プロフェッショナルドッグセラピスト。「イヌとヒトがともに幸せに暮らすには何が大切か」を日々考え、実践心理学に基づき、からだとメンタル両方のいやしを意識したマッサージとフラワーレメディによる施術のやり方を1,000を超えるわんこと飼い主に伝えてきた。最近は、海外の愛犬家やペット関連企業からの声に応え、中国などでも定期的に啓蒙活動を行なっている。一般社団法人日本ペットマッサージ協会（一社）主事　認定資格「ペットマッサージセラピスト」、一般財団法人日本フラワーレメディセンター認定講師、米国NLP協会（TM）認定NLPトレーナー資格を取得。2024年1月26日、「イヌなでホリスティック協会」設立。抱っこしているのは本書でモデルをつとめた愛犬ゾーイ（ミニチュアダックスフント2才）。

● **インスタグラム**
https://www.instagram.com/dogmassage_azi/
● **ブログ**
https://ameblo.jp/aqua1017
● **HP**
https://inunade.com/